prometeo
libros

Salud en las metrópolis: desafíos en el conurbano bonaerense

prometeo
libros

Magdalena Chiara y Javier Moro
(Compiladores)

Salud en las metrópolis: desafíos en el conurbano bonaerense

Autores:

Ana Ariovich, Magdalena Chiara, Mercedes Di Virgilio, Carlos Jiménez, Daniel Maceira, Javier Moro, Mariela Rossen, Adolfo Sánchez De León, Federico Tobar

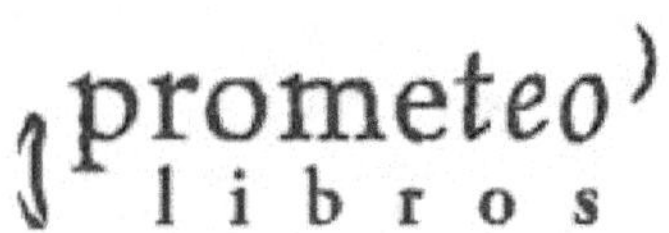

ÍNDICE

Presentación

Fragmentación e inequidad, amplia oferta hospitalaria y déficit
—en cantidad y calidad— de las modalidades de atención primaria
al interior de un marco institucional de gobernabilidad difusa, son
algunos de los rasgos más importantes del diagnóstico del subsector
público de salud en la Región Metropolitana de Buenos Aires. Bajo
la órbita de cuatro tipo de jurisdicciones —la nacional, la provincial,
la de la Ciudad Autónoma de Buenos Aires, más la municipal de
los 24 partidos de la Provincia de Buenos Aires que componen el
conurbano— funcionan más de una centena de centros con internación y alrededor de setecientos centros de atención primaria; en
un área que concentra algo más de doce millones de habitantes,
con porcentajes dispares de esta población que, a su vez, dispone
de coberturas alternativas (obras sociales, PAMI y privadas). El
sistema de salud en la región —haciendo un uso bastante laxo de la
noción de sistema y aún considerando sólo al subsector público— se
presenta como una trama institucional compleja que se encuentra
permanentemente desafiada por los cambios que se van sucediendo
en el contexto político, económico y social.

A la vez, la salud como cuestión pública al interior del área
metropolitana tiene serias dificultades para instalarse como una
prioridad política que requiere coordinación interjurisdiccional. Su
emergencia en la escena pública y en las agendas gubernamentales
parece situarse más como objeto de una disputa mediática que
como una instancia sustantiva de trabajo para afianzar lineamientos
de políticas y esquemas de coordinación intergubernamental. Así,

mientras la Provincia de Buenos Aires reclama por el tema de los residuos que le envía la gran ciudad homónima, ésta retruca con la atención que "sus" servicios de salud le brindan a los habitantes de los partidos del conurbano bonaerense.

Esta forma de situar a los servicios de salud como objeto de disputa interjurisdiccional no es exclusiva de gestiones puntuales de gobierno (aunque muchas veces el componente político partidario lo potencia) o del nivel jurisdiccional: Provincia / Ciudad Autónoma. Entre los partidos o municipios del conurbano suelen plantearse tensiones similares. Para entender esta dinámica hay que tener en cuenta que los municipios bonaerenses, en sintonía con procesos globales y nacionales, fueron objeto de procesos de descentralización de los servicios del primer nivel. En ese marco, estos municipios, como los del resto de la provincia, asumieron responsabilidades directas en la gestión de los Centros de Salud (CAPS); proceso que se dio sin haber avanzado en definiciones acerca de las responsabilidades según el nivel y perfil de las prestaciones, ni tampoco sobre los mecanismos de coordinación necesarios para garantizar la integración del sector y compensar las inequidades territoriales. La dinámica que animó a estos procesos dio lugar en la región a una profunda fragmentación del sistema, con consecuencias en el acceso a los servicios de salud para sus habitantes configurando o consolidando, en la práctica, situaciones de inequidad en el ejercicio del derecho a la salud.

Por su parte, a los problemas socio-sanitarios que en la actualidad golpean a vastos sectores en la región metropolitana se agrega la emergencia de nuevas patologías que incrementan exponencialmente la demanda hacia los servicios. Al respecto también vale destacar que la demanda de la población suele presentarse muy centrada hacia la atención hospitalaria, y suscitada a partir de situaciones donde la enfermedad ya se ha puesto de manifiesto.

En este contexto, la segmentación de la oferta pública y las brechas socio-sanitarias existentes en la Región Metropolitana de Buenos Aires definen un punto de partida difícil a la hora de poner en línea a políticas, recursos y actores en pos de desarrollar capacidades para responder a estos desafíos. Aún así, algunas experiencias recientes de trabajo articulado en red parecen haber avanzado en ese sentido, aunque con importantes esfuerzos *ad hoc* y dificultades para sostener en el tiempo las estrategias.

Con distintos grados de organicidad estas cuestiones están ingresando a la agenda académica y a la de las políticas públicas. Tomando estos desarrollos como punto de partida, este libro busca poner en debate ideas, explicitar propuestas, diagnósticos e interrogantes desde la producción académica y de la gestión.

En un primer capítulo, Federico Tobar analiza los fundamentos de la gestión territorial ampliando sus alcances conceptuales más allá del contraste —habitual— entre los programas de implementación "vertical" y las intervenciones locales de carácter "horizontal". El autor desarrolla la noción de territorio, sus sentidos y potencialidades, y postula cinco atributos de la gestión territorial para indagar respecto de las posibilidades y condiciones de ésta en materia de salud. Plantea la tensión entre la gestión sectorial (fragmentada) y la territorial, que por la propia naturaleza del territorio se plantea como horizontal e integral. De allí que la gestión territorial en salud, según Tobar, debería promover un abordaje poblacional privilegiando una perspectiva horizontal y descentralizada, avanzar hacia hacerlo integral y promover la regulación de la oferta. Finalmente, el autor plantea consideraciones y propuestas para avanzar en la construcción de un modelo que en la Región Metropolitana responda a estas características.

Posteriormente, el equipo del Instituto del Conurbano de la UNGS (Magdalena Chiara, Javier Moro, Mercedes Di Virgilio, Ana

Ariovich y Carlos Jiménez) aproxima una visión sistemática de las condiciones en las que opera el sistema de salud en los partidos del conurbano bonaerense, destacando las brutales diferencias que este territorio presenta en las condiciones de salud de su población, la enmarañada historia de la descentralización del sector, las múltiples jurisdicciones que actúan como resultado de ese derrotero y la fragmentación del escenario de la política. El trabajo analiza los condicionamientos e incentivos para la gestión de la salud en la región y plantea algunas hipótesis explicativas de esa particular configuración institucional, poniendo en debate el financiamiento, los modelos prestacionales –a veces contrapuestos en los propios niveles locales– y los márgenes de autonomía local. Finalmente, considerando estas coordenadas generales que permiten entender la lógica político institucional en la que operan los actores, se plantean los principales desafíos de la agenda gubernamental en la región.

En un tercer capítulo, Daniel Maceira presenta un cuadro de situación del sistema de salud argentino poniendo la mirada en las cuestiones de financiamiento y equidad, ahondando en la realidad comparada de la Provincia de Buenos Aires y de los partidos del conurbano, dando cuenta de las brechas en los recursos económicos y físicos disponibles en cada provincia –y particularmente entre jurisdicciones de la de Buenos Aires–, avanzando en un debate sobre políticas sectoriales locales y globales. El trabajo alcanza a definir una agenda que tiene como punto de partida la necesidad de conocer el perfil epidemiológico y las necesidades sanitarias de la población, avanzando hacia la identificación de los requerimientos financieros, la revisión de los mecanismos de distribución (ya abordados en el capítulo anterior) muy centrados en la oferta de los servicios hospitalarios y en el necesario trabajo conjunto entre niveles jurisdiccionales y la seguridad social.

La movilidad como cuestión es problematizada por Mariela Rossen en el cuarto capítulo, en el que trata sobre el uso de los hospitales públicos de la Ciudad Autónoma de Buenos Aires. Su análisis se propone a partir de la noción del territorio metropolitano como un todo, que rebasa y no respeta los límites jurisdiccionales, y como un espacio de flujos caracterizado por la constante movilidad poblacional. En tal sentido, y a partir de una investigación sobre los egresos de los hospitales de la Ciudad de Buenos Aires y los lugares de procedencia de la población, se plantea la conformación de "corredores sanitarios". El análisis de estos corredores le permite a la autora avanzar en una propuesta de conformación de redes y de articulación interjurisdiccional a escala metropolitana.

Por último, una perspectiva más integral es la que anima el trabajo que presenta Adolfo Sánchez de León en el quinto capítulo. En éste el enfoque de los determinantes ambientales en el proceso salud/enfermedad es la clave de análisis de la problemática de la Cuenca Matanza-Riachuelo, además de las cuestiones que se dispararon a partir de la sentencia de la Corte Suprema de Justicia de la Nación. Comenzando con una serie de precisiones conceptuales acerca del enfoque de tales determinantes y la relación entre ambiente y salud, se recuperan los principales resultados del estudio realizado por el ente Autoridad de Cuenca Matanza Riachuelo (ACUMAR), buscando introducir el debate en torno de las nuevas perspectivas que se abren en el enfoque de los procesos de salud/enfermedad y de la sentencia judicial.

Como queda reflejado en esta breve sinopsis, los trabajos que presentamos tienen en común, además —obviamente— del foco puesto en la cuestión salud para la Región Metropolitana, plantear el desarrollo de sus aportes a través de tres registros que se articulan mutuamente: perspectivas conceptuales, análisis de material empírico y aspectos propositivos de cara a la gestión pública. De más está aclarar que cada uno de ellos puede poner más énfasis en alguno de los tres registros mencionados. Vale señalar que cada capítulo guarda en sí mismo un sentido, pero a la vez plantea canales de diálogo con los demás trabajos.

Agradecemos a las y los colegas que generosamente aportaron resultados de investigaciones y reflexiones para echar luz sobre la complejidad de la política sanitaria en la región.

Por último, queremos manifestar nuestro agradecimiento al Instituto del Conurbano y a la Universidad Nacional de General Sarmiento, institución desde la cual pensamos y realizamos este libro.

Magdalena Chiara y Javier Moro

CAPÍTULO 1
Gestión territorial en salud

Federico Tobar (Fundación Salud y Fármacos)

Introducción

Desde hace algunos años se viene desarrollando un modelo de abordaje social que despliega respuestas múltiples y combinadas en una determinada localidad. Esfuerzos de empoderamiento y transferencia, que buscan sacar a una población de la vulnerabilidad y el letargo; poniéndola de pie para avanzar hacia su autonomía y bienestar. Esta modalidad de intervención, que ha sido denominada "gestión territorial" porque recupera enfoques del ordenamiento espacial y ambiental, podría ser entendida como una intervención horizontal en reacción al tradicional enfoque de programas verticales. Pero, en realidad, se trata de una propuesta más rica y compleja que aquella analogía. En este trabajo se analizan los fundamentos de la gestión territorial, para indagar luego respecto de las posibilidades y condiciones de una gestión territorial en salud.

El artículo está organizado en cuatro secciones. En la primera se analiza el concepto de territorio y su significado. En la segunda se exploran los elementos de la gestión territorial, postulando que hay cinco factores fundamentales que la distinguen. En la tercera sección se indaga con respecto a los límites y potencialidades de la gestión territorial aplicada al ámbito específico de la salud pública. Por último, el trabajo intenta concluir situándose frente a la realidad actual del conurbano bonaerense indagando respecto de cómo producir salud con un enfoque territorial.

I. Concepto de territorio

El territorio comienza a ser conceptualizado con la formación de los Estados-nación, ante la necesidad de significar el espacio donde se ejercía la soberanía. Un soberano era tal en tanto operaba sobre un territorio. Como figura lógica resultaba posible el ejercicio del poder y la influencia sin territorio, pero el mismo se representaba como ilegítimo. Un Juan Sin Tierra, que usurpaba o se infiltraba, pero no era soberano.

Pero este uso se perdió. Cuando el territorio era la base —el fundamento— del Estado-nación, al mismo tiempo lo modelaba. Hoy, cuando vivimos una dialéctica del mundo concreto, evolucionamos de la noción antigua de Estado territorial hacia la noción posmoderna de transnacionalización del territorio. Pero, así como antes no era todo un territorio "estatizado", tampoco hoy es todo un territorio estrictamente "transnacionalizado" (Santos, 1994: 9).

Esta noción de territorio perdió relevancia, no por haberse modificado sino justamente por haber permanecido intacta cuando nuestras circunstancias cambiaron. Como reclamaba Lewis Carroll… "hace falta correr mucho para conseguir mantenerse en el mismo lugar". Pocas veces los problemas que conquistan espacio y jerarquía en la agenda de políticas públicas son hoy reconocidos bajo una lógica territorial. Un ejemplo de ello suele ser la mortalidad infantil: un intendente del conurbano bonaerense afirma que en su municipio casi no mueren menores de un año, porque las defunciones se producen en hospitales de la Ciudad de Buenos Aires.

Si territorio es espacio, entonces, territorio usado es sentido. Julio Cortazar decía: "Un puente es una persona cruzando un puente". Podríamos complementar, un territorio es una persona que piensa, que vive, que actúa en un territorio. En otras palabras, si el territorio no es vivido y representado como tal, entonces no hay territorio. La mortalidad infantil pasa a ser un Juan Sin Tierra mientras no tenga domicilio, no tenga código postal.

La dilución del territorio se manifiesta en el nivel de las representaciones. En el plano inmediato ("en el mundo de la vida", diría Jürgen Habermas), el territorio es considerado como un accidente en el transcurso de las personas más que como condición efectiva de su existencia. El ciudadano no conoce la geografía de su ciudad y ni la estudia en la escuela. Se disipan las idiosincrasias locales, se pierde el arraigo. Pero la dilución del territorio también repercute a nivel paradigmático en la medida que la categoría pierde poder explicativo. En tanto no hay representación del espacio, tampoco este parece interferir sobre cómo se distribuyen los accesos, la riqueza, las condiciones de vida de una población (Sposati, 2006).

Lo que genera un mayor prejuicio no es el abandono del espacio como unidad de análisis, sino su uso incorrecto. Porque los grandes agregados esconden diferencias y ocultan brechas. Así, los analistas sociales tendemos a incurrir en la falacia ecológica que infiere a nivel individual resultados agregados en unidades de área: "no hay desempleo en la Ciudad de Buenos Aires", "el acceso a servicios hospitalarios es alto en el conurbano bonaerense", "la mortalidad infantil es problema en el noreste y el noroeste argentinos", etc. Entonces, el territorio comienza a perder poder explicativo y pasa a transformarse en un obstáculo. También pasa a ser un "accidente" para el analista social.

"E pur se muove", decía Galileo. Hay una reivindicación del territorio que viene adquiriendo impulso. Por un lado, la epidemiología de las desigualdades lleva casi dos décadas promoviendo un enfoque centrado en el análisis de las brechas entre los microespacios urbanos. En políticas sociales Aldaiza Sposati y su equipo del Centro de Estudios del Territorio impulsaron un giro paradigmático al desarrollar el mapa de la exclusión, primero en la ciudad de San Pablo (Brasil) y luego en diversas localidades brasileñas.

Pero atribuimos aquí a Milton Santos el haber afirmado la piedra angular de este retorno del territorio. Para el geógrafo brasileño el territorio retorna al asumir nuevos sentidos. La información construye puentes en el espacio (Santos, 1994). Por eso afirma que el territorio, hoy, puede ser formado de lugares contiguos y de lugares en red. Llama horizontales a los primeros (que se conectan espacialmente) y verticales a los segundos (que se conectan por flujos de información).

Pero el territorio vertical detenta un lado oscuro. Porque ese nuevo territorio no siempre es llano ni abierto. Impone caminos, impone jerarquías, impone normas. "Un cotidiano impuesto desde afuera" o un "devenir jerárquico" (Santos, 1994, 11). Este autor llama a las redes "formas y normas al servicio de algunos". Reniega de la metáfora "Global" como una figura donde todos los puntos resultan equidistantes del centro, así como rechaza la ilusión de que las nuevas conexiones eliminan asimetrías. Todas las formas de conexión privilegian unos vínculos, unas prácticas, unos contenidos sobre otros. Antes del nacimiento de Internet, Milton Santos vislumbra una nueva globalización y el imperialismo de las redes. Una primera globalización, la colonial impulsada por grandes descubrimientos geográficos, se caracterizó por la ocupación del territorio. La segunda globalización, desplegada desde fines del siglo XX y apoyada por avances tecnológicos, se caracteriza por la fragmentación de los territorios.

El avance del territorio vertical cambia sentidos. Por ejemplo, el de la militancia política que ha sido, hasta hace unos años, una arena privilegiada del trabajo en el territorio horizontal. Se construía política desde el contacto inmediato, el barrio, la fábrica, la universidad, la escuela. Hoy aquella militancia del contacto "codo-a-codo" se desvanece. Sucumbe ante una forma mediática de hacer política. Construir política, desde el territorio vertical, es lograr presencia en los medios de comunicación. Es lograr menciones en radio, ganar centímetros en los diarios, segundos de cámara en televisión, accesos en Internet.

Otro cambio de sentido generado por esta verticalización se detecta a nivel de los servicios de salud. Hasta hace algunos años todo hospital se postulaba como un efector de salud dentro de un territorio, una región, un distrito sanitario, un área programática. Ahora los servicios de salud (en particular los privados) comienzan a definir como su área programática al entramado contractual de seguros de salud con los que se articulan, la cartilla de prestadores a la cual se integran. El espacio horizontal cede ante el espacio vertical.

Pero también hay un lado positivo, una visión optimista, un retorno del territorio, en la medida que las redes pueden renovar respuestas locales. Porque en tanto permite el reconocimiento y la cooperación de quienes la integran, podría movilizar recursos y llegar a potenciar expresiones solidarias entre quienes no comparten un mismo suelo (solidaridad viene de *soleo*, que es suelo, ser solidario es pararse en el lugar del otro). Esta articulación virtuosa surge cuando redes que movilizan recursos se articulan con emprendimientos locales que detectan necesidades sociales y buscan respuestas adecuadas. Por ejemplo el Departamento de Laicos de la Iglesia Católica Argentina vincula, a través de las Redes Solidarias de Salud, a miles de profesionales y servicios en todo el país. Por otro lado, impulsa la Red para el Desarrollo Integral del Niño y la Familia (Redinfa). Esta última constituye un despliegue absolutamente horizontal de promoción de la salud y la ciudadanía a través de la cual un conjunto de promotores comunitarios contactan familias a las cuales visitan de forma periódica para capacitarlas y monitorear su desarrollo. Cuando se logra una articulación entre ambos territorios (el de las redes profesionales y el de la acción en los lugares más vulnerables) los resultados se potencian y las respuestas se fortalecen.

Un segundo concepto que recupera Santos es el de "banal", un término de 1900 de origen francés que significa común a todos los habitantes de una población (según el *Diccionario etimológico Corominas*). Es interesante como se desplazó el sentido del término. Tiene la misma raíz (ban) que bando y banda. Por eso banal es la versión impoluta de lo que hoy se designa como "bandido". En contraste con otros conceptos que, como señala Santos, atravesaron los siglos sin alteraciones (y por lo tanto hoy ya no pueden denotar los mismos significados), el término "banal" parece haberse travestido. Pasó de una punta a la otra. Adjetivar algo de banal, en el sentido que se intenta recuperar aquí, es plantear que contiene la esencia de una identidad colectiva. Mientras que en el uso corriente del vocablo podría ser interpretado como algo efímero, inocuo, insignificante e incluso hasta malvado.

La amenaza es que las redes logren dominio absoluto del territorio. Lo banal puede quedar subordinado a relaciones jerárquicas. Redes sin rostro pueden resultar más creíbles que los vecinos. La Wikipedia puede crear realidades sin límites, realidades pedagógicas que harían de aquella parodia de Orson Wells con la "Guerra de los Mundos" un chiste ingenuo. No es que las redes en sí sean malas, es que hay una forma de acción en red que es jerárquica e impone un control remoto político. Por ejemplo, políticas públicas más comprometidas con organismos multilaterales que con las necesidades locales.

II. Gestión territorial

Convirtiéndose en abanderado de la gestión territorial, Milton Santos nos convoca a recrear el territorio horizontal. A buscar soluciones cohesivas o inclusivas a partir de la contigüidad. Este retorno del territorio trae nueva luz sobre la gestión social. Este territorio horizontal, que es solidario por su esencia banal, combinado (o atravesado) por territorios verticales capaces de captar información, conocimiento y recursos; permiten redefinir los problemas sociales y las respuestas a ellos. Redes horizontales que identifican las necesidades (muchas veces no sentidas) y recurren a redes verticales para captar recursos que potencien las respuestas. En virtud de ello, se postula aquí que es posible pensar y practicar una gestión que recupere los sentidos del territorio. Se trata de promover la toma de decisiones a nivel político y técnico-político que vincule al espacio con la responsabilidad, la identidad, la solidaridad y la integración social de quienes lo habitan.

La gestión territorial es, entonces, un desarrollo que parte desde un enfoque restricto al problema del ordenamiento territorial y avanza hacia la integración de respuestas buscando que la oferta y la demanda por bienes y servicios sociales se aproxime a las necesidades de una población bien conocida e identificada. Es posible rastrear formas incipientes de esta gestión en varios países de la región. Chile ha asumido este enfoque en el marco de sus programas de Mejoramiento de la Gestión. En la definición de políticas se asume que "se espera que los servicios públicos operen con procesos integrados territorialmente que promuevan e incorporen las necesidades regionales y sus soluciones en la entrega de sus productos. En palabras simples Gestión Territorial significa poner en sintonía las demandas de los habitantes de determinados territorios con una oferta pública diversa y articulada de productos, bienes y servicios".[1]

Otra dimensión de la gestión territorial ha sido jerarquizada desde la Iniciativa para la Conservación de la Amazonia Andina (ICAA) que destaca a "la búsqueda de sinergias" como eje de la gestión territorial. Establece un Grupo de Trabajo de Gestión Territorial con la finalidad de crear sinergias para fortalecer el marco político, institucional y legal en favor de territorios indígenas y de modelos de conservación de la biodiversidad.[2]

Por su lado, la Agencia de Cooperación Alemana (GTZ) propone un esquema en el cual la gestión territorial involucra cuatro funciones:[3] I) prevención de conflictos de interés, II) optimización del uso de recursos públicos, III) generación de una identidad territorial o fortalecimiento de ella y, IV) legitimación del proceso y de las instituciones.

En Argentina, el programa "Mi Pueblo" fue formulado como una iniciativa conjunta entre el Ministerio de Desarrollo Social y el Ministerio del Interior, asumiendo como objetivo identificar y resolver aquellos factores que obstaculizan el crecimiento y el bienestar de las pequeñas comunidades del interior del país, a través de un accionar público, multijurisdiccional y temático.

---

[1] Agencia de Cooperación Internacional de Chile "¿Qué es gestión territorial? Disponible en: http://www.agci.cl/que-es-agci/programa-de-mejoramiento-de-la-gestion/gestion-territorial/que-es-gestion-territorial/. Visitado el 6 de abril de 2010.

[2] http://www.amazonia-andina.org/content/gesti%C3%B3n-territorial. Visitado el 6 de abril de 2010.

[3] GTZ. "Planificación Territorial Participativa". Disponible en: http://www.gtz.de/en/weltweit/lateinamerika-karibik/el-salvador/18859.htm Visitado el 6 de abril de 2010.

Pero ha sido Brasil el país que más avanzó hasta ahora en el desarrollo de la gestión territorial, no solo desde el nivel conceptual sino también en sus aplicaciones prácticas. Entre estos últimos desarrollos, merece destacarse el abordaje sobre patrones de distribución espacial de la desigualdad y la exclusión, propulsados desde el CEDEST (Centro de Estudos Territoriais de Desigualdades Sociais) y luego continuados también por el CEM (Centro de Estudos de la Metropolis) y otras instituciones. El carácter innovador de este abordaje reside en que centra su enfoque en el mapeo de la inclusión dentro de las grandes ciudades incorporando la perspectiva de que una ciudad son múltiples ciudades y superando la falacia ecológica. Esto es particularmente útil para pensar e intervenir en el conurbano bonaerense que incluye algunas de las áreas y poblaciones más ricas del país y al mismo tiempo las más pobres y excluidas. Muchas veces separadas solo por algunos metros y altos muros con custodia privada.

Recuperar el enfoque territorial desde la política social es recuperar un punto de apoyo para promover políticas. Es posible postular cinco consignas de una forma de construir respuestas sociales centradas en el territorio contiguo:

a. La transformación social pasa hoy por la gestión territorial

En la innovación social radica nuestra mayor esperanza de que se produzca un cambio social capaz de generar una sociedad que incluya a más personas, que distribuya progresivamente el ingreso y genere mayor calidad de vida. Y, en gestión social la innovación surge en las márgenes. La dinámica innovadora avanza desde la periferia hacia el centro del sistema (Tobar, 2009:10). Procede desde lo micro a lo macro, de lo local a lo regional, desde las personas con rostro y corazón, hacia las instituciones con estructuras y organigramas. Se registran pocas novedades en materia de programas sociales, y sin embargo aparecen permanentemente nuevos protagonistas para actuar en el sector. Cada año surgen nuevas formas más espontáneas y menos orgánicas de movilización popular y comunitaria. Son múltiples las modalidades de acción que se incorporan en los proyectos que se ejecutan, ya sea desde estas instituciones, o bien como acción espontánea, desprovista de todo cuerpo institucional. En algunos casos las acciones innovadoras surgen respondiendo a problemas concretos vividos por los protagonistas de las acciones. En otros casos, la innovación surge a través de una puesta en práctica diferente —una resignificación— de los programas del gobierno o de las organizaciones solidarias.

Es de esperarse, entonces, que la transformación social surja de desplegar respuestas a las necesidades de la población por y desde el territorio horizontal. El referente político del barrio (o "puntero") desempeñaba funciones de regulación social desde el ejercicio de un poder muchas veces microfísico. En su oportunidad el Plan Mas Vida en la Provincia de Buenos Aires captó e instrumentó muy bien esta potencialidad.

Si innovar es un hacer nuevo, entonces también las respuestas sociales necesitan una nueva mirada. Pero el retorno del territorio no es más que una potenciación, un *aggiornamento*, de una mirada antigua que habíamos perdido. Los cimientos de la Sociología se fundan en la distinción entre comunidad y sociedad (*Gemeinschaft* y *Gesellschaft*). Y lo que reclama la gestión del territorio es volver a la comunidad. Pero hacerlo fortalecido, potenciado por el territorio vertical. Como un Odiseo que retorna a Ítaca luego de recorrer el mundo y combatir en Troya.

b. Fortalecer al territorio es la forma de generar cohesión social

La contigüidad doblega a la indiferencia. Lo opuesto a contiguo es discontinuo, es desconectado, es indiferente. Cuando se interrumpe la contigüidad con murallas en barrios cerrados, con autopistas elevadas que permiten circular sin ser obligados a ver los asentamientos limítrofes o, simplemente, activando un control remoto o apagando un interruptor; entonces la exclusión pierde protagonismo en la agenda pública.

Por eso, en el reconstruir el trabajo territorial reside el principal y mayor antídoto para la exclusión. En el territorio vivido se desvanece el sentido de las barreras políticas. Porque la contigüidad es más fuerte. Por ejemplo, me conmovió un dibujo colgado en la pared de un centro parroquial de Gregorio de Laferrere (un área periférica del conurbano bonaerense). Su autor, probablemente un niño, dibujó dentro de una única bandera al símbolo patrio de Argentina, al de Paraguay y al de Bolivia. El territorio del Estado-nación sucumbe ante la fuerza de la convivencia vecinal en Laferrere.

Santos afirma que el proceso globalizador destruye aquella máxima romana que vincula la ciudadanía al lugar... "aquella máxima del derecho romano, *ubis pedis ibi patria* (donde están los pies allí está la patria), hoy pierde o cambia su significado" (1994, p. 12). Los violentos flujos migratorios exigen la construcción de nuevas formas de ciudadanía no ya como estatus adscripto sino como adquirido. Las endémicas rebeliones de jóvenes inmigrantes en las periferias francesas dan cuenta de ello.

c. En el territorio vivido se desvanece la funcionalidad de la focalización

La focalización es un método de racionamiento y corte de prestaciones. Es una forma, siempre exógena, de limitar la asignación de recursos. En la mejor de las hipótesis la focalización representa criterios técnicos que buscan optimizar el rendimiento de los bienes y servicios sociales provistos. En buena parte de los casos, la focalización introduce irracionalidades y hasta inequidades que solo se hacen visibles en el ámbito microsocial.

He visto un comedor infantil que recibía apoyo del Gobierno nacional solo para niños que aún no estuvieran en edad escolar. Sin embargo, esas reglas que forman parte de lo que Santos llama el control remoto de la parte política de la producción, se disolvían en el espacio banal. Las madres que, como voluntarias, coordinaban (y corporizaban) el comedor, no precisaban ningún procedimiento escrito para saber quién necesita comer allí.

Cuando las comunidades son involucradas en el uso de sus recursos se logra mayor eficiencia y eficacia. Desde las múltiples experiencias de presupuestos participativos hasta las más duras evaluaciones de impacto de programas financiados por el Banco Mundial aportan evidencias de esto. Claro que lo local no es siempre el territorio. No se arriba a los mismos resultados permitiendo a un intendente que distribuya a su criterio los beneficios de los planes sociales, que otorgar a una comunidad organizada competencias para hacerlo.

d. En la acción territorial surge con mayor claridad y precisión la responsabilidad por las acciones

El territorio horizontal es un factor común para identificar resultados. Es asible para el sentido común y consistente para la implementación de sistemas de vigilancia. A mediados de marzo de 2010 los habitantes de la ciudad de Baradero, en la Provincia de Buenos Aires, se amotinaron y quemaron la intendencia e instalaciones policiales luego de la muerte de dos adolescentes que circulaban en motocicleta (sin usar casco) tras ser atropellados por la patrulla de tránsito. De forma inmediata surgió el contraejemplo de una localidad vecina, cuyos controles eran tan intensos que nadie circula en motocicleta sin casco. Si el territorio vertical aporta el *benchmarking*, el territorio horizontal presenta el compromiso.

En el otro extremo, el de los tecnicismos, ocurre algo similar. Los sistemas de información territorial o "georreferenciados" aportan la posibilidad de observar, de seguir, de comparar unidades de medición y análisis factibles. No hace falta un sistema informático sofisticado para comparar accidentes viales, actos delictivos, intoxicaciones o atenciones médicas entre ciudades o barrios.

Pero además, la contigüidad impide la dilución de responsabilidades. Porque aunque, como dijimos, la gestión local no implica siempre un enfoque territorial, sí mantiene afinidades electivas. La autoridad local enfrenta más las presiones sociales inmediatas.

e. La acción territorial integra y construye identidad

El abordaje territorial es mucho más propenso a las acciones de integración que a las de inclusión. Aunque parezca sutil, porque ambas combaten la exclusión, se trata de formas diferentes de abordar las respuestas sociales.

Excluir es dejar afuera. Proviene de la raíz *claudere* del indo-ario, que era el pestillo de las puertas. Significa dejar parte de nuestra gente afuera de la sociedad. Afuera de la producción, afuera del consumo, afuera de prácticas sociales y culturales que le dan identidad e integridad al ser humano. La exclusión es la ignominia, es lo que no se dice, lo que no se ve. Lo opuesto, la integración es lo que se dice y se ve. Lo que se conoce y reconoce. Hablamos aquí de integración y no de inclusión porque la segunda puede ser individual y exclusivamente económica, mientras que la primera involucra una dimensión de participación política y social y resulta mucho más efectiva cuando es grupal y familiar (Fontela, 2010: 6).

III. Gestión territorial en salud

Cabe preguntarse si es legítimo hablar de "gestión territorial en salud". No porque entendamos que no se produce salud desde el territorio, sino porque parece haber una tensión entre el abordaje territorial y cualquier gestión sectorial. El territorio es indisociable, no puede ser parcializado. No puede ser "sectorializado". Por naturaleza, el territorio horizontal es integral. Es ese carácter holista el que hace a la gestión territorial solidaria e integral. En conclusión, hacer gestión territorial implica una forma de gestión social no fragmentada, que busca satisfacer todas las necesidades humanas del habitante de ese territorio. Un habitante que, entonces, al tener sus principales necesidades cubiertas, pasa a ser integrado y comienza a tornarse ciudadano.

Postulamos aquí que es posible contemplar el desarrollo de una gestión territorial en salud, pero la misma debe satisfacer cuatro condiciones básicas. En primer lugar, promover un abordaje poblacional. En segundo lugar, privilegiar un abordaje horizontal y descentralizado. En tercer lugar, avanzar hacia un abordaje integral. En cuarto lugar, promover la regulación de la oferta.

a. Abordaje poblacional

Se trata de un modelo de atención en salud que fija prioridades apuntando a mejorar la salud del conjunto de la población antes que en el combate a afecciones o enfermedades. Privilegia la detección precoz que se ejerce de forma sistemática sobre una población conocida y a través de un esquema de cuidados programados y continuos.

El primer paso del abordaje poblacional lo constituye la identificación y nominalización de la población. La evidencia indica que las estrategias de Atención Primaria de Salud que logran mejores resultados son aquellas de cobertura universal en las que se responsabiliza a un servicio por brindar respuestas adecuadas a un grupo poblacional identificado y conocido (Starfield, 1998). Si en un momento la ventaja radicaba en la capacidad de organizar el funcionamiento del sistema al establecer una "puerta de entrada", luego se identifica que la responsabilidad nominada permite cambiar integralmente el modelo de atención. Sobre una población definida y conocida es posible asumir un enfoque centrado en las necesidades epidemiológicas más que en las demandas espontáneas que se concretan en los servicios, es posible establecer cuidados programados y una lógica de cuidados progresivos en red, es más factible desplegar acciones extramuros o comunitarias, es más viable incorporar esquemas de monitoreo y evaluación del desempeño de los servicios y redes.

En síntesis, desde el enfoque poblacional se plantea la necesidad de un nuevo enfoque preventivo que considere:

1. Orientación poblacional (aun en la medicina clínica).

2. Evaluación de riesgos centrados en una población definida más que en la medición del riesgo relativo de un individuo.

3. Variaciones en el perfil de morbilidad más que la carga de enfermedad.

4. Evaluación de los costos y beneficios tanto de lograr mejoras en los indicadores de resultados epidemiológicos como de la distribución de estos resultados dentro de la misma población.

5. Que las metas de las políticas se orienten a fortalecer las respuestas en salud como un todo más que el control y prevención de una patología en particular.

6. Evitar la sobreestimación de la utilidad individual de los factores de riesgo.

El abordaje poblacional también facilita el avance hacia la gestión por resultados en la medida que posibilita la recuperación de la programación local. Durante la década de los noventa, cuanto el discurso hegemónico en salud subordinaba el modelo de atención a la financiación de la demanda, se abandonó la consigna de programar actividades de salud desde las posibilidades y responsabilidades de la oferta de servicios. La hipótesis central de las reformas afirmaba que mientras la gente pudiera escoger donde atenderse (y el dinero siguiera al paciente) se registrarían formas de competencia entre los servicios para captar flujos de recursos que redundarían en mejoras a nivel de eficiencia y calidad. En ese marco, no solo no había espacio para la responsabilidad nominada sino que los servicios deberían orientarse a satisfacer demandas más que necesidades y a captar recursos más que a lograr conquistas epidemiológicas.

b. Abordaje horizontal y descentralizado

Los ministerios de Salud en América Latina preservan un diseño organizacional que parte de programas verticales. De esta manera, problemas territoriales como la coordinación de servicios para logar su funcionamiento en red y la conformación de corredores sanitarios no repercuten sobre la agenda de políticas. Simplemente, porque no hay jurisdicciones con competencia sobre ellos. A esta dificulta se agregan los afectos de políticas descentralizadoras que buscando mayor autonomía de los servicios debilitaron la gobernanza del sistema en su conjunto.

Los programas verticales surgen durante la década de 1940 para erradicar la viruela y la malaria. Constituyen un abordaje técnico de inspiración taylorista. Un comando central y un equipo altamente entrenado que estandarizaba procesos para combatir un reducido grupo de enfermedades, en un plazo temporal corto o mediano. La autoridad central controlaba el financiamiento y monitoreaba el desempeño del trabajo de campo como medio para garantizar los resultados esperados.

La contracara de este modelo organizativo eran tecnologías duras como la vacuna antivariólica resistente liofilizada, además del DDT y la cloroquina para combatir la malaria. Sin embargo, los resultados no siempre fueron buenos. En unos casos por baja cobertura de los servicios de salud, en otros por debilidad de las instituciones. Para superar este último problema los financiadores externos impulsaron unidades ejecutoras externas al entramado organizacional existente.

En los años sesenta surgieron las campañas de erradicación como un ajuste al modelo vertical. Los programas verticales dejaban de ser "cosa de expertos" para bajar al terreno como "propuestas enlatadas", que, aplicadas con rigor, servirían en cualquier contexto. El nuevo modelo concebía la intervención como una operación militar conducida de igual manera en cualquier campo de batalla. Se requerían menos recursos humanos calificados y esto facilitaba la extensión de la cobertura y permitía utilizar trabajadores voluntarios. Pero, aunque la campaña es una modalidad de intervención territorial no dejaba de ser vertical.

Alma Ata y la estrategia de la atención primaria de la salud (APS) cambiaron el paradigma. A partir de entonces se enfatizaron las actividades intersectoriales, la participación de la comunidad y el uso de medicamentos esenciales. Se proclamó la necesidad de considerar en forma integrada y holística la aproximación a la salud, en vez de aproximaciones técnicas, de arriba hacia abajo y "autoritarias". El nuevo modelo de intervención adoptó en consecuencia un carácter horizontal, centrado en acciones preventivas y focales, con eje en las instituciones regulares del sistema de salud como una forma de garantizar sostenibilidad, es decir, mantener en el tiempo los objetivos perseguidos.

Se criticó al modelo vertical por fragmentar al sistema de salud, por distraer fondos y atención de los servicios regulares, generando una débil institucionalización y sostenibilidad. También se ha hecho notar la superposición de recursos que genera la omnipresente dificultad para coordinar burocracias.

La descentralización de los servicios y políticas de salud desplegada a partir de la década de 1990 vino a agravar las tensiones entre abordajes verticales y horizontales. Las reformas de salud constituyeron una nueva epidemia que aplicó los instrumentos sin diferenciar ni adaptar las particularidades de: I) los servicios curativos, II) los servicios preventivos, y III) las funciones públicas esenciales. Las características económicas de estas últimas implican que no puedan aplicarse mecanismos de mercado (competencia entre agencias, que por el contrario deberían cooperar) ni de mercado simulado (esquemas de incentivos). En una reunión de ministros de Salud, convocada por la OMS en 1992, se acordaba que el manejo de la enfermedad (diagnóstico y tratamiento) debía recaer en los servicios públicos locales, siendo responsabilidad de los gobiernos garantizar el acceso. La prevención movilizó su eje desde el control del medio ambiente hacia los individuos y sus conductas riesgosas. Finalmente, el control de epidemias continuó siendo interpretado como vigilancia epidemiológica. El informe de Desarrollo Humano del Banco Mundial publicado al año siguiente terminó de modelar el paradigma reformista. El modelo vertical resistió.

Además, el abordaje vertical se reinventaba luego en el *disease management*, un abordaje que ganó viabilidad económica al vincularse con incentivos económicos a los prestadores.[4] Esto en un contexto en el que casi no se forman especialistas en salud pública y los posgrados se inclinan más a formar profesionales con competencias para contratar y administrar prestaciones que para

---

[4] Eugenio Vilaça Mendez (2005) sugiere que la gestión clínica se constituye a partir de las tecnologías sanitarias que partiendo de tecnologías madre, las directrices clínicas, luego desarrollan tecnologías de gestión de patologías (*disease management*), de gestión de casos (*case management*) y de auditoria clínica. Ese triángulo, construido a partir de las directrices clínicas, compone el núcleo de la gestión clínica.

combatir epidemias. Por eso, no es sorprendente que en los últimos tiempos en medios periodísticos se haya reclamado el refuerzo de los programas verticales como paliativo para la precariedad sanitaria. Por otro lado, cuando la Organización Panamericana de la Salud reemplaza la estrategia de los Sistemas Locales de Salud (SILOS) por la de Municipios Saludables, si por un lado gana peso la promoción y el enfoque centrado en determinantes, por otro lado pierde vigor el abordaje horizontal.

Por estos motivos, resulta fundamental recuperar el abordaje territorial apuntando a la construcción y al fortalecimiento de servicios locales estables (cuya presencia y financiación no dependa de programas exógenos), con población a cargo, cuya competencia central es asumir cuidados continuos y programados y siendo evaluados por los logros obtenidos a través de ello.

c. Abordaje integral

Asumir un abordaje integral requiere no solo trabajar desde la promoción y la prevención sino fundamentalmente incorporar en el equipo de salud la definición de quiénes son los responsables primarios por los resultados de salud de la población residente. Esto introduce grandes desafíos de coordinación y funcionamiento en red, porque a menudo los servicios locales se limitan al primer nivel de atención y se percibe que para brindar respuesta integral hace falta disponer de servicios de alta complejidad.

El recurso al territorio vertical resuelve hoy, al menos en parte, este dilema. La telemedicina y los sistemas de información permiten optimizar el funcionamiento de los servicios en red, potenciando la capacidad resolutiva del primer nivel de atención sin necesidad de multiplicar permanentemente la oferta. Un ejemplo de avance, en este sentido, lo constituye el programa de referencia y contrarreferencia implementado desde el Hospital de Pediatría Garrahan, que asume como objetivo favorecer la atención coordinada de patologías de alta complejidad con la participación de centros asistenciales de todo el territorio del país. Está basado en la articulación progresiva de los niveles existentes de complejidad, promueve la colaboración concertada de referentes locales y pone el acento en la formación continua de recursos humanos. Para implementar este Programa se han instalado ya cien oficinas de comunicación a distancia, distribuidas en diez provincias, posibilitando la realización de más de veinticinco mil consultas.

d. Regulación de la oferta

Un modelo de gestión territorial no es compatible con el surgimiento y la habilitación indiscriminada de servicios de salud. Si la población es referida a los servicios, los servicios disponibles también deben ser referidos al territorio y a la población que en él habita.

Desde la década de 1960 se realizaron diversas investigaciones para determinar la ecología de la atención médica. Un trabajo clásico de White, realizado en 1961 y repetido luego en 1973, permitió determinar que de cada mil habitantes en un determinado territorio es esperable que en un mes unos setecientos cincuenta perciban síntomas, doscientos cincuenta consulten en el primer nivel de atención, nueve requieran derivaciones a hospitales, cinco sean referidos para recibir atención especializadas y solo uno requiera atención de alta complejidad a nivel de internación. Un trabajo reciente coordinado por Green (2001), valida estos datos detectando que los cambios más importantes han sido que la cantidad de pacientes que reporta síntomas aumenta (de 750 a 800), que de ellos unos trescientos veinte consideran realizar consultas médicas y solo 217 lo hacen (mientas 113 visitan a médicos del primer nivel, los otros 104 acuden directamente a especialistas), unos sesenta y cinco pacientes optan por medicinas alternativas, 21 concurren a centros de atención primaria, 14 solicitan consultas domiciliarias, 13 reciben atención de emergencia en guardias hospitalarias, 8 son hospitalizados y solo 0,7 requieren tratamiento de alta complejidad.[5]

Tales revisiones de la ecología de la atención médica ratifican que es imprescindible contar con servicios de primer nivel muy próximos al lugar de residencia de los ciudadanos, pero no así con los servicios especializados y de complejidad. Por ejemplo, un servicio de cirugía cardíaca se justifica cuando atiende un volumen de casos superior a trescientos cada año, y uno de hemodinámica cuando los casos se aproximan a los quinientos. Por lo tanto, para que se justifique la disponibilidad de un servicio de esta complejidad dentro de una determinada localidad debería haber alrededor de un millón de habitantes y ningún otro servicio próximo con la misma capacidad de resolución.

Es que el problema del acceso no es hoy una cuestión geográfica (al menos en la mayor parte de Argentina) sino de modelo de atención. Cuando a un paciente que concurre a un Centro de Atención Primaria le detectan una insuficiencia cardíaca es posible que en el servicio no consigan garantizar la respuesta de los servicios de mayor complejidad. El paciente queda a la deriva, el médico del primer nivel siente impotencia y, en el mejor de los casos, la autoridad política inmediata (por ejemplo el intendente municipal) se planteará que necesita un servicio de referencia propio. Si sobrevive, en el futuro ese paciente o sus familiares buscarán directamente asistencia en los servicios de mayor complejidad. Porque aunque los estudios de ecología sanitaria podrían sugerir que no es lo más adecuado, los pacientes acuden a donde saben que obtendrán respuesta.

En síntesis, un modelo de gestión territorial en salud requiere que las autoridades sanitarias operen con un mapa sanitario que

---

[5] Green, L., B. Yawn, D. Lanier y S. Dovey (2001).

autorice (habilite y acredite) la oferta de servicios en función de las necesidades de la población y de la evaluación de su desempeño sanitario.

IV. ¿Cómo producir salud con un enfoque territorial?

La vigencia del paradigma reformista sobre la salud pública en América Latina dejó entre sus saldos una gran cantidad de países que avanzaron en la implementación de procesos de descentralización en salud. Sin embargo, fueron pocas las ocasiones en que tales procesos fortalecieron las condiciones para una gestión territorial. El primer debate al respecto se registró entre la conformación de unidades de gestión bajo una racionalidad técnica o bajo una lógica política. Una descentralización que hubiera sido posible, pero no resultó viable, consistía en conformar o fortalecer regiones sanitarias, distritos sanitarios o áreas programáticas con suficiente autonomía para coordinar redes de servicios equivalentes. Se trataba de promover iguales condiciones de oferta de servicios para iguales necesidades de la población (Mendes, 1991). Sin embargo esto no solo no ocurrió sino que, además, donde ya existía esa modalidad desconcentrada fue despojada de su racionalidad sanitaria. Hoy las áreas, regiones y distritos que subsisten no involucran ni a poblaciones semejantes ni a redes de servicios equivalentes en acceso y capacidad de resolución. Persisten como supérstites de una vieja racionalidad sanitaria ya olvidada.

Tal vez, los mayores ganadores dentro de esta tensión que generó la construcción de modelos descentralizadores hayan sido los gobiernos intermedios de las provincias, estados federales y departamentos. Fue a favor de ellos que se operaron procesos de devolución de los servicios de salud. Hubo menos casos en los que la devolución de los servicios se realizó a favor de los gobiernos locales o municipales, y en los casos en que esto sucedió tendió a limitarse a los servicios del primer nivel de atención no hospitalario.

Por lo tanto, donde no hay servicios de salud locales o municipales la gestión territorial permanecerá en el nivel de gestión intermedia (provincial, estadual y departamental). Donde existan servicios locales el desarrollo de abordaje horizontal debe favorecerlos, definiendo con precisión áreas de influencia geográfica, identificando la población bajo su esfera de influencia, nominalizando la responsabilidad de los servicios sobre esa población, programando localmente acciones, organizando e implementando dispositivos de referencia, contrarreferencia y control de los resultados.

Sin embargo, son los municipios quienes detentan hoy las mejores oportunidades para construir modelos de gestión territorial en salud. No son los únicos actores de la gestión territorial, pero sí pueden ser los más importantes. Son llamados a constituir la piedra angular del nuevo modelo de gestión territorial en salud. Pero esto exige tanto un esfuerzo por avanzar hacia estrategias saludables como hacia abordajes horizontales.

Construir gestión territorial en salud requiere coordinar estrategias de territorio vertical (funcionamiento en redes e integración a redes temáticas) con acciones horizontales. En ese marco que un municipio se constituya (o acredite como) municipio saludable es un avance, aunque no resulta suficiente. Constituir a un municipio en saludable es concebir al espacio local como la unidad territorial y el conjunto poblacional de referencia para el diseño de acciones de promoción y prevención en salud. Pero para convertirse en saludable no alcanza con que un municipio despliegue acciones de promoción. Debe cumplir con tres condiciones esenciales (Tobar y Anigstein, 2008):

a) *Posicionar a la promoción de salud en un lugar destacado dentro de la agenda de desarrollo local.* Lo más importante que deben hacer los municipios en salud es promoción. La asistencia médica debe ser una función secundaria. La iniciativa de municipios saludables debe operar sobre los determinantes y condicionantes de la salud. Por lo tanto, es necesario que desplieguen acciones desde los servicios de salud. Pero en los casos en que lo haga éstas deben apuntar a la transformación del modelo de atención.

b) *Establecer alianzas y pactos que promuevan un cambio viable y sostenible hacia condiciones de vida saludables.* Aunque el fin es la salud, el camino es la política. La iniciativa no se restringe a la salud, ni mucho menos a sus aspectos más estrictamente técnicos. Instaura una lógica de transformación que además de sanitaria y ambiental es social, política e incluso productiva. Para ello, el primer requisito es concretar la voluntad política de los tomadores de decisiones y abrir espacios y dinámicas que permitan construir la viabilidad de la iniciativa sumando adhesiones. Los municipios saludables crecen sumando actores y voluntades en un pacto por la salud. Instauran así la lógica de un compromiso creciente por conquistar en la población respuestas en salud. Se trata de un pacto social que se hace sostenible en la medida que su transgresión pueda ocasionar costos políticos para los actores involucrados.

c) *Incorporar lógicas de acción participativas.* Es que la identidad de los municipios saludables tiene más que ver con cómo se hacen las cosas que con qué cosas se hacen. Y en ese cómo se destaca que el eje en la conducción local, y su afinidad con el despliegue de la gestión territorial (que será abordada en seguida), es la incorporación de la participación ciudadana en salud y un necesario avance hacia un enfoque multisectorial.

Es posible e indispensable agregar a estas condiciones otras vinculadas con el abordaje horizontal, como el asumir la responsabilidad por satisfacer las necesidades de la población que habita un espacio determinado. Los municipios deben constituirse en responsables primarios en la protección de la salud a partir de Centros de Atención Primaria, y cuando no los tienen a través de médicos de familia. En ambos casos asumiendo un rol activo con la población que tienen a su cargo. Los servicios de atención primaria de la salud no deben ser salas de primeros auxilios sino servicios con atención programada. Deben desplegar acciones extramuros, esto es salir a buscar a la población y realizar acciones y controles preventivos y gestionando la derivación a los servicios de mayor complejidad cada vez que haga falta. Es mucho más conveniente que los municipios se centren en acciones colectivas que en brindar prestaciones médicas de complejidad creciente. Cuando los municipios incorporan hospitales duplican las funciones provinciales. Mientras que ni la Nación ni las provincias pueden asumir de forma adecuada el abordaje comunitario. Y este resulta imprescindible porque no se produce salud de forma individual. "Medicina comunitaria vertical" es un oxímoron. Lo que es vertical no puede ser comunitario.

Pero un modelo de gestión territorial de salud tiene también requisitos de funcionamiento en red. Requiere de la coordinación de servicios para articular las derivaciones hacia una complejidad mayor (referencia) y de retorno al servicio primario con responsabilidad nominada (contrarreferencia). Es a partir del mapeo de los flujos de pacientes que se puede avanzar hacia la construcción de mapas sanitarios que organicen la oferta y sirvan para priorizar la incorporación y habilitación de la oferta.

En suma, el territorio debe funcionar como el gran organizador. Un punto de apoyo para planificar el funcionamiento del sistema de salud. No es solo sobre la base del espacio, sino sobre la del espacio vital: del espacio y su gente.

Consideraciones sobre la Región Metropolitana de Buenos Aires

El Instituto Nacional de Estadística y Censos de Argentina (IN-DEC) ha utilizado la denominación Región Metropolitana[6] para

---

[6] El INDEC utilizó en algunos cuadros del Censo de Población, Hogares y Viviendas 2001 una subdivisión del país en seis regiones siendo una de ellas la

referirse a un área que es una porción de territorio que no supera 1 % del total del país, y que concentra a cerca de un tercio de su población. Está conformada por la Ciudad de Buenos Aires y los 24 partidos del Gran Buenos Aires (Almirante Brown, Avellaneda, Berazategui, Esteban Echeverría, Ezeiza, Florencio Varela, General San Martín, Hurlingham, Ituzaingó, José C. Paz, La Matanza, Lanús, Lomas de Zamora, Malvinas Argentinas, Merlo, Moreno, Morón, Quilmes, San Fernando, San Isidro, San Miguel, Tigre, Tres de Febrero y Vicente López). Según los datos del Censo 2001, cuenta con una población de aproximadamente doce millones de habitantes siendo una de las grandes aglomeraciones urbanas del mundo y la tercera en tamaño de América Latina, después de las ciudades de México y San Pablo.

La oferta de salud de la Región Metropolitana de Buenos Aires ha crecido de forma absolutamente descoordinada tanto a nivel público (de jurisdicción nacional, provincial o municipal) como privado. Se configura de esta manera una sobreoferta de servicios con un pobre desempeño. La capacidad instalada del subsector público de la Región se puede resumir en dos indicadores, la oferta de camas hospitalarias (una cada 685 habitantes) y de Centros de Atención Primaria de Salud (uno cada catorce mil habitantes).

Pero detrás de esos números, ya de por si desbalanceados, se esconde una gran desigualdad. Probablemente no exista en el mundo distribución territorial tan poco (o tan mal) relacionada con las necesidades de salud de la población que la registrada en la

---

"Región Metropolitana". También la Encuesta de Gasto de los Hogares 1985-86 utilizó la denominación "Región Metropolitana" con el mismo sentido. Como a su vez utilizaba la expresión Gran Buenos Aires para denominar a dicha Región, para unificar las denominaciones, la anterior Región Metropolitana para el INDEC pasará posteriormente a llamarse Región Gran Buenos Aires. De manera que desde agosto de 2003 el INDEC no utilizará en ningún caso el nombre Región Metropolitana.

Región Metropolitana de Buenos Aires. En el centro se encuentra la Ciudad de Buenos Aires, con una hipertrofia hospitalaria y una notable atrofia de la Atención Primaria de la Salud. Si consideramos solo la oferta pública y la relacionamos con los habitantes que no cuentan con cobertura de seguros de salud, el cuadro que se obtiene es el panorama inverso a la ecología de la atención médica antes citado. La Ciudad tiene una cama hospitalaria cada 93 habitantes y un Centro de Atención Primaria cada casi nueve mil habitantes sin cobertura de seguro de salud. O, en otras palabras, hay cien camas hospitalarias por cada Centro de Atención Primaria de la Salud. Del otro lado, los partidos del conurbano detentan una cama hospitalaria pública por cada 504 habitantes y un Centro de Atención Primaria de la Salud por cada 6.073 habitantes, en ambos casos considerando solo a quienes cuentan exclusivamente con cobertura del subsector público.

Pero si se pudieran considerar micro áreas se verificarían inequidades aun mayores. Es él área que alberga las mayores desigualdades en salud, en particular en lo que respecta al acceso a cuidados, pero también a resultados. Por lo tanto, la Región Metropolitana de Buenos Aires es, o debería ser, prioridad para el desarrollo y la implementación de una gestión territorial en salud.

Las acciones posibles para avanzar hacia un modelo de gestión territorial en la región son múltiples. Se destacarán aquí algunas:

1. Crear una Mesa Regional de Coordinación y Diálogo del Sector Salud. La consolidación de una mesa de articulación constituye una respuesta institucional que ha dado buenos resultados en los lugares donde se implementó, aumentando la gobernanza sectorial. Sería el vector para que se canalicen las inquietudes de los actores sectoriales asumiendo una actitud asertiva que derive en propuestas y supere la denuncia. El Gobierno de la Ciudad Autónoma de Buenos Aires, el Ministerio de Salud de

la Provincia y los gobiernos de los Municipios del conurbano bonaerense tienen condiciones para convocar e implementar esa articulación.

2. En el marco de la Mesa Regional de Coordinación y como una de sus principales herramientas, se puede definir un mapa sanitario del área en el que se registre, entre otros datos, la oferta en cada nivel de atención, las prestaciones, la población atendida y los flujos de derivación. Del modelo observado se puede pasar a un modelo propuesto en el cual se eliminen las inequidades e irracionalidades. Entre uno y otro escenario se podría avanzar corrigiendo los desbalances a través de inversiones adecuadas y frenando las inversiones y desarrollos que puedan aumentar las irracionalidades. En otras palabras, se comenzaría definiendo un modelo adecuado de distribución espacial de la oferta a ser construido de forma progresiva y paulatina. Es fundamental que esto se haga en el marco de acuerdos, porque de lo contrario puede correr la suerte de quedar en tecnicismos. Hace falta una fuerte voluntad política para comenzar a mejorar la racionalidad en la distribución de la oferta y de los esfuerzos. Y esta racionalidad, a su vez, constituiría la piedra angular del despliegue de un conjunto de protecciones y cuidados de base territorial.

3. Desplegar un modelo horizontal homogéneo y adecuado en las 25 jurisdicciones. Esto significa garantizar que, frente a un conjunto esencial de problemas de salud, todos los habitantes de la región tendrán respuestas similares en calidad y oportunidad. Para ello lo más importante es definir servicios de atención primaria de la salud con población a cargo, entrenados para proveer los cuidados básicos adecuados según normas y directrices. Es una forma adecuada de conquistar resultados de salud en términos epidemiológicos, así como de lograr un funcionamiento más

eficiente del sistema de salud. Combinado con la implantación de garantías explícitas generaría alto impacto sobre la salud de los habitantes metropolitanos. Esto exige que el Ministerio de Salud de la Ciudad de Buenos Aires y las Secretarías de Salud municipales de los 24 partidos del Gran Buenos Aires: a) designen centros de salud y/o médicos de cabecera con población a cargo; b) implementen instrumentos de registro de beneficiarios y de historias clínicas familiares; c) incorporen promotores sanitarios que asuman de forma periódica una ronda sanitaria relevando a la población e identificando problemas que requieren solución desde la red de atención; d) incorporen un convenio de adhesión en el cual tanto el equipo de salud que tendrá la población a su cargo, como los pacientes, reconozcan y asuman obligaciones y derechos; e) programen cuidados a ser desplegados desde los servicios sobre la base poblacional identificada y conocida; f) capaciten al personal de salud para implantar el nuevo modelo y para que adquieran competencia en gestionar directamente las derivaciones en caso de ser necesarias; y g) diseñen e implementen un esquema para monitoreo y evaluación del esquema de responsabilidad nominada.

4. Consolidar garantías explícitas para protecciones priorizadas. Por ejemplo, los cuidados perinatales y de la infancia (COE - Cuidados Obstétricos Esenciales y AIEPI - Atención Integrada a las Enfermedades Prevalentes de la Infancia) que deberían ser derechos humanos garantizados a toda la población. Así como la correcta asistencia de enfermedades de altísima prevalencia como es el caso de las cardiovasculares (hipertensión arterial y diabetes mellitus) que constituyen la primera causa de muerte en la región. Garantías explícitas significa que se defina (y se aplique) una guía o protocolo de cuidados que garantice iguales niveles de calidad de los cuidados a toda la población. Para ello,

el Ministerio de Salud de la Ciudad de Buenos Aires, junto con su similar de la Provincia de Buenos Aires, deben: a) definir protocolos de atención; b) garantizar los insumos, el equipamiento y los recursos humanos indispensables para dar la respuesta adecuada; c) incorporar un sistema de información con historias clínicas que permita la verificación del cumplimiento y adhesión a los protocolos; d) capacitar al personal de salud en la implantación del modelo de garantías explícitas; e) difundir las protecciones garantizadas y convocar a la población para que sea incorporada y comprometa su adhesión; y f) auditar y supervisar el funcionamiento de las cuidados verificando la efectividad de las protecciones asumidas.

5. Crear dispositivos de coordinación territorial de carácter técnico y administrativo que colaboren articulando las respuestas entre los servicios municipales de APS (en su mayoría municipales, pero no exclusivamente), las regiones sanitarias del Ministerio de Salud de la Provincia de Buenos Aires y las áreas programáticas del Ministerio de Salud de la Ciudad Autónoma de Buenos Aires. La misión de estos dispositivos será consolidar la atención programada y construir redes de atención con adecuados esquemas de referencia y contrarreferencia entre servicios. Esto requiere el desarrollo e incorporación de normativas, sistemas de registro, de información clínica, conectividad informática o telefónica, generación de aptitudes en el personal, conocimiento y capacidad operativa, espacio físico y equipamiento adecuado.

Bibliografía

Briggs, C. Jane., Pierre Capdegelle y Paul Garner (2005), "Estrategias para la integración de los servicios de atención primaria en países de medianos y bajos ingresos: efectos sobre la práctica, los costos y los resultados en los pacientes" (revisión Cochrane traducida), en *La Biblioteca Cochrane Plus,* 2005 N° 2. Oxford (http://www.update-software.com).

Cairncross, Sandy y Herve Peries (1997), "Vertical Health Programmes", en *The Lancet*; V. 349, I. 9066: 20-23. Londres.

Castilla, Emilio (2004), "Organizing Health Care A Comparative Analysis of National Institutions and Inequality Over Time", en *International Sociology*; V. 19, N° 4: 403-435.

Feitosa, Flávia (2002), Segregação Espacial em São José dos Campos. Tesis de maestría en Sensoriamento Remoto. INPE, San José de los Campos.

Fontela, Mariano (2010), "Integración o inclusión social", en *Movimiento: reseñas y debates* N° 51. Año 5. Páginas 4-8. Febrero.

Genovez, Patricia (2002), Território e Desigualdades: Análise Espacial Intra-Urbana no Estudo da Dinâmica de Exclusão/Inclusão Social no Espaço Urbano em São José dos Campos - SP. Mestrado em Sensoriamento Remoto, INPE, San José de los Campos.

Gray, J.A Muir (2001). *Evidence-based healthcare: how to make health policy and management decisions.* Edinburgh, Churchill Livingstone, 2ª ed.

Green, Larry, Barbara Yawn, George Fryer, David Lanier y Susan Dovey (2001), "The Ecology of Medical Care Revisited", en *The New England Journal of Medicine*, Vol 344. N° 26. June 28: 2021-2025.

Hurley, Jeremiah, Stephen Birch y John Eyles (1995), "Geographically-Decentralized Planning and Management in Health Care: some informational issues and their implications for efficiency", en *Social Science and Medicine*; V. 41, N° 1: 3-11.

Kickbusch, Ilona (1997), "New players for a new era: responding to the global public health challenges", en *Journal of Public Health and Medicine* V. 19, N° 2: 171-178.

Koga, Dirce (2005), *Medidas de cidades: entre territórios de vida e territórios vividos.* Cortez, San Pablo.

Mendes, Eugênio Vilaça (1991), *Distrito sanitário: o processo social de mudança das práticas sanitárias do Sistema Único de Saúde.* Hucitec, San Pablo.

Mendes, Eugênio Vilaça (2005), "A Mudança do modelo de gestao do SUS: da gestão dos recursos para a gestão da clínica. Mímeo, Belo Horizonte.

Mills, Anne (1983), "Vertical vs. Horizontal Health Programmes in Africa: idealism, pragmatism, resources and efficiency", en *Social Science and Medicine*; V. 17, N° 24: 1971-1981.

Msuya, Joyce (2003), *Horizontal and Vertical Delivery of Health Services: What Are The Trade Off?*, The World Bank. Washington.

Roman Ramos, Frederico (2002), Análise Espacial de Estruturas Intra-Urbana: O caso de São Paulo. Mestrado em Sensoriamento Remoto, INPE, San José de los Campos.

Santos, Milton (1994), "O retorno do territorio", en Santos, Milton, Maria Adélia de Souza y Maria Laura Silveira (1994), *Territorio: globalização e fragmentação*, Hucitec, San Pablo.

Sposati, Aldaiza (1996), *Mapa de exclusão/inclusão social de São Paulo*. EDUC, San Pablo.

Sposati, Aldaiza (2000). *Cidade em pedaços*, Brasiliense, San Pablo.

Sposati, Aldaíza (2006), "Cidade, território, exclusão/inclusão social", CEDEST. Disponible en: http://www.dpi.inpe.br/geopro/exclusao/Cidadet.pdf. Visitado el 6 de abril de 2010.

Starfield, Barbara (1998), *Primary Care: Balancing Health Needs, Services, and Technology*. Oxford University Press, Nueva York.

Tobar, Federico (2009), "La innovación social en América Latina", en *Movimiento: reseñas y debates* N° 46. Año 5. Páginas 6-11. Septiembre.

Tobar, Federico y Pilar Rodrigañez Richeri (2004), *Hacia un federalismo sanitario efectivo: el caso del Consejo Federal de Salud argentino, análisis y propuestas*. Ediciones Isalud, Buenos Aires.

Tobar, Federico y Carlos Anigstein (2008), "Hacia una nueva teoría de los Municipios y Comunidades Saludables". Documento elaborado en el marco del proyecto ISALUD-OPS: Reposicionamiento de la Estrategia de Municipios y comunidades Saludables en las Américas. Buenos Aires.

White, Kerr L. (1997), "The Ecology of Medical Care: Origins and implications for population - based healthcare research", en *Health Services Research (HSR)* N° 32: 11-21.

CAPÍTULO 2

Lo local y lo regional: tensiones y desafíos para pensar la agenda de la política sanitaria en el conurbano bonaerense

Magdalena Chiara, Javier Moro, Ana Ariovich, Carlos Jiménez (ICO/UNGS) y Mercedes DiVirgilio (IGG/FCS-UBA)[1]

Presentación

Si la invitación a pensar la agenda sanitaria supone comprender la trama institucional en el marco de la cual se constituyen los problemas y las cuestiones que la dotan de sentido, en la región conformada por los 24 municipios del conurbano bonaerense esta propuesta nos enfrenta a dificultades adicionales.

Las brutales diferencias que este territorio presenta en las condiciones de salud de su población, la enmarañada historia de la descentralización del sector, las múltiples jurisdicciones que actúan como resultado de ese derrotero y la fragmentación del escenario

---

[1] La cartografía estuvo a cargo de Marina Miraglia (LabSIG – ICO/UNGS).

de la política, nos hablan sobre aquellas dificultades a la hora de intentar definir "una" agenda.

Renunciando a simplificar el problema y considerando que en el contexto de esta complejidad tramita la atención de la salud de al menos una cuarta parte de la población del país, en este trabajo buscamos integrar distintas aproximaciones para aportar algunas claves que permitan, si no avanzar en la definición, balizar el camino para la identificación de las cuestiones que constituyen la agenda de la región.

El trabajo presenta resultados parciales de la investigación titulada "Los sistemas de salud en el Gran Buenos Aires: mirando la gestión desde la atención de la salud de la población" (PICTO-FONCYT - ICO/UNGS), la cual pone el foco en el análisis de los casos municipales de Malvinas Argentinas, San Fernando y Tigre en el período comprendido entre los años 2001 y 2007.[8]

En un primer apartado y apelando a fuentes secundarias presentamos las condiciones del territorio que desafían a la política sanitaria en la región, destacando sus atributos generales pero también aquellos rasgos particulares que muestran las brechas existentes entre municipios. Prestamos particular atención a los datos diferenciales en cobertura de la seguridad social o privada, situación que configura diferentes desafíos para el subsector público, objeto de análisis de este trabajo. En este contexto la movilidad de la población constituye un fenómeno que exige pensar los territorios también en la lógica de las redes y flujos.

En un segundo apartado pasamos revista a la complejidad de la trama institucional que constituye al subsector público luego de la descentralización ocurrida, caracterizada por la débil definición de responsabilidades en las distintas jurisdicciones, así como por las dificultades para definir niveles de prestaciones garantizadas. Aunque por fuera de la formalización que un plan sanitario supondría, parece visualizarse cierta distribución por jurisdicción, así como ciertos patrones de especialización en la órbita municipal según las regiones sanitarias del conurbano bonaerense.

Más adelante, en un tercer apartado, buscamos dar cuenta de las condiciones que afectan de manera particular a esos procesos y que, en una lógica incremental de modelado del sistema, nos permiten avanzar en alguna hipótesis explicativa de aquella configuración; en estas condiciones, los márgenes de autonomía financiera y la incidencia que tiene la coparticipación provincial en el financiamiento de la política sanitaria son factores que inciden de distinto modo en el desarrollo de los sistemas en el nivel local. En ese contexto, y desde recursos institucionales también diversos, se debaten los esfuerzos en la arena local para construir autonomía en matrices que configuran modelos prestacionales que fragmentan aún más el mapa de la región, siendo ejemplo de ello los casos de Malvinas Argentinas, San Fernando y Tigre.

En el apartado final recapitulamos las cuestiones que quedan planteadas de cara a las tensiones y desafíos para pensar la agenda de políticas en este campo.

I. El territorio como desafío de la política sanitaria: continuidades y rupturas

El conurbano bonaerense comprende a los 24 municipios que forman la conurbación de la Ciudad Autónoma de Buenos Aires. Consta de una población total de 8.684.437 habitantes —según los datos arrojados por el Censo del 2001—, y en el periodo 1991-2001 ha presentado un incremento relativo de población de 9,2 %. Excluyendo a la dicha Ciudad de Buenos Aires concentraba entonces a 24 % del total de la población del país.

Históricamente el crecimiento de los municipios del conurbano respondió a distintos procesos de urbanización que se dieron a lo largo del siglo XX y que, a partir de un criterio de proximidad-distancia respecto de los límites jurisdiccionales de la Ciudad de Buenos Aires, suelen desagregarse en dos cordones concéntricos y un tercero que, por fuera de los 24, comienza a delinearse en las últimas décadas.[2] El crecimiento más notorio del primer cordón bonaerense se dio a partir de la década de 1930 bajo el impulso del entonces incipiente proceso de industrialización por sustitución de importaciones. La constitución de zonas fabriles y el poblamiento en torno a los corredores ferroviarios conformaron centralidades urbanas próximas a las estaciones de trenes que, junto al surgimiento de asentamientos precarios —conocidos como villas— constituyen las marcas distintivas del período. Este incremento de zonas de urbanización, más extensas que densamente pobladas, fue favorecido en la década de 1940 por las políticas de acceso a la vivienda del primer peronismo. En los siguientes años cincuenta y sesenta se sostuvo ese patrón de crecimiento que no contó con planificación, por lo que el desarrollo de los servicios de infraestructura básica fue más bien lento, desordenado e incompleto. Durante las décadas de 1940, 1950 y 1960 se consolidaron amplias zonas ocupadas por barrios auto-construidos y carentes de servicios, dispersas, desestructuradas, y muchas veces inundables (Torres, 1999). La urbanización del conurbano, en este marco, es tributaria, por un lado, del proceso de industrialización que tuvo como epicentro a esas municipalidades agrupadas y, por el otro, del proceso de producción de tierra urbana a bajos costos y a expensas de la provisión

---

[2] El primer cordón está conformado por Avellaneda, General San Martín, Hurlingham, Ituzaingó, Lanús, Morón, San Isidro, Tres de Febrero y Vicente López. El segundo está constituido por Almirante Brown, Berazategui, Esteban Echeverría, Ezeiza, Florencio Varela, José C. Paz, La Matanza, Lomas de Zamora, Malvinas Argentinas, Merlo, Moreno, Quilmes, San Fernando, San Miguel y Tigre. Y el tercero por Escobar, Pilar y Presidente Perón, que no están comprendido en los 24 partidos.

de servicios básicos. El proceso de des-industrialización selectiva y de apertura económica iniciado en la última dictadura marcó el fin de ese patrón de crecimiento del conurbano (Calello, 2000).

A partir de 1980 y más profundamente luego por las políticas neoliberales de los años noventa, el conurbano muestra procesos divergentes: mientras permanece relativamente estable (o con bajo incremento) la población en el primer cordón, el crecimiento demográfico se concentra en el segundo y el tercero. A la vez, aparecen las autopistas como nuevos corredores y las urbanizaciones cerradas (principalmente *countries*) como nuevos hábitats de las clases privilegiadas que disputan la ocupación territorial con sectores de menores ingresos (Torres, 2001). Comienza a expresarse en esta geografía la nueva configuración dual de la estructura social argentina.

Así, mientras a lo largo de los corredores ferroviarios se presentan trazas urbanas más antigua y de corte tradicional, donde los diferentes servicios —estación, plaza, área comercial, municipalidad, escuela, etc.— se disponen sobre la cuadrícula urbana construyendo un sentido espacial abierto, público y de continuidad; contrariamente, el recorrido de las autopistas da lugar a urbanizaciones semicerradas y discontinuas. Allí los *shopping centers* reemplazan a las avenidas y calles comerciales abiertas, y acompañan la instalación de enclaves que funcionan a modo de archipiélagos similares a los suburbios de varias ciudades estadounidenses. Este cambio en la disposición urbana no se circunscribe a las áreas espaciales que habitan los sectores de mayores ingresos, en el otro extremo de la escala este sentido de parcialidad cerrada se ve potenciado por el crecimiento de amplias zonas de segregación y relegación espacial. Los asentamientos y villas funcionan como áreas de exclusión en un doble sentido: por la discriminación y postergación cotidiana que padecen sus habitantes, y por las dificultades de integración, accesibilidad e inseguridad en relación al resto del entramado urbano.

Este proceso de segregación y fragmentación espacial, intrínsecamente vinculado con la transformación profunda en la estructura social argentina, marcó un quiebre con la dinámica de movilidad social ascendente que caracterizó a la sociedad en gran parte del siglo XX, y se vincula con tres procesos combinados: a) el aumento y el cambio de perfil de la pobreza (que algunos autores dieron en llamar la "nueva pobreza", poniendo en foco la pauperización de sectores medios); b) el incremento de la desigualdad; y c) la crisis del mercado laboral, con altas tasas de desempleo conviviendo con tendencias crecientes de precarización laboral.

En este nuevo escenario no resulta llamativo que haya sido en el conurbano donde se registraron los mayores impactos de la crisis económica, política y social que hizo eclosión en diciembre del 2001. Algunos indicadores dan cuenta del impacto profundo de las reformas llevadas a cabo en los años noventa: mientras en mayo de 1992 la tasa de desempleo estaba en alrededor de 6 %, ésta llegó a 17 % en 2001 y 22 % en 2002. Esto reconfiguró la cuestión social poniendo a los problemas del desempleo, del crecimiento del empleo precario y la subocupación en el centro de la agenda pública y gubernamental.

La situación del mercado laboral incide directamente en la cobertura de salud, agudizando las disparidades y desigualdades al interior de la región. Los datos del Censo Nacional de Población y Vivienda de 2001 muestran que algunos municipios tenían entonces 27 % de su población sin cobertura de obra social o de servicios médicos privados prepagos (San Isidro, Vicente López), mientras en otros tal guarismo era de 65 % (Moreno, Florencio Varela).

Mapa 2.1: Porcentaje de población sin cobertura de obra social ni de medicina privada en el año 2001, y variación intercensal 1991 y 2001, conurbano bonaerense

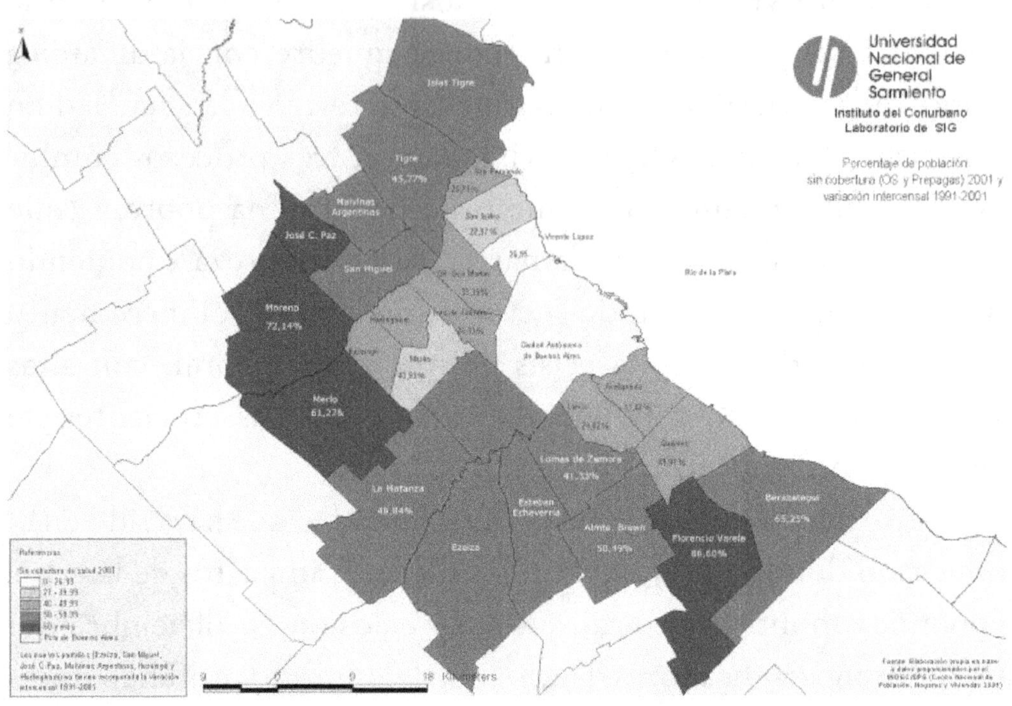

Fuente: elaboración propia en base a datos del INDEC, 2001.

Esta situación implicó un aumento significativo de la demanda para el subsector público y planteó serías dificultades para organizar una oferta acorde en cantidad y calidad. Las brechas entre municipios marcan características muy diferentes desde un punto de vista sociodemográfico, socio económico y socio-sanitario. Para el año 2001, 17,6 % de la población del conurbano tenía necesidades básicas insatisfechas (NBI), con heterogeneidades internas sumamente marcadas que van desde partidos con 4 % de población con NBI, hasta otros que llegan a 26 % de su población en esa situación.

La reestructuración del mercado de trabajo afectó a todos los municipios de la región, aunque con impactos distintos. Si bien la mayoría de los partidos compartían en el año 2003 valores similares en porcentajes de población desocupada, un conjunto importante se encontraba unos seis puntos por encima; todos pertenecientes al segundo cordón (15 % y 23 %, respectivamente). En este sentido, las heterogeneidades se profundizan cuando se amplía el análisis a la población vinculada o no a un trabajo estable; mientras en algunos partidos 17 % de la población estaba desocupada, en otros estos valores llegaban a 27 %.[3]

El empobrecimiento estuvo acompañado por el empeoramiento en las condiciones de distribución del ingreso. Los datos del año 2003 de la Encuesta Permanente de Hogares que realiza el INDEC (los más recientes disponibles para este nivel de desagregación) mostraban que en el conurbano un grupo de municipios en 2003 tenían 5,2 % de su población en el primer quintil de ingresos (el de menores ingresos) mientras que en otro grupo llegaban a 38,1 %, marcando grandes disparidades en relación al nivel de ingresos en la región.

Las diferencias entre municipios se visibilizan en las brechas en materia sanitaria y en relación a los recursos locales disponibles para organizar servicios sociales. Al respecto, vale como referencia considerar las desigualdades en materia de mortalidad infantil (ver gráfico 1). Así, mientras Vicente López en el año 2007 tuvo una tasa de mortalidad en torno a 9 ‰, en los municipios de José C. Paz y Florencio Varela la misma se elevó a 16,2 ‰ y 15,6 ‰ respectivamente.

---

[3] Encuesta Permanente de Hogares, INDEC, mayo de 2003.

Gráfico 2.1: Mortalidad infantil en municipios del conurbano bonaerense (neonatal y pos-neonatal), 2008

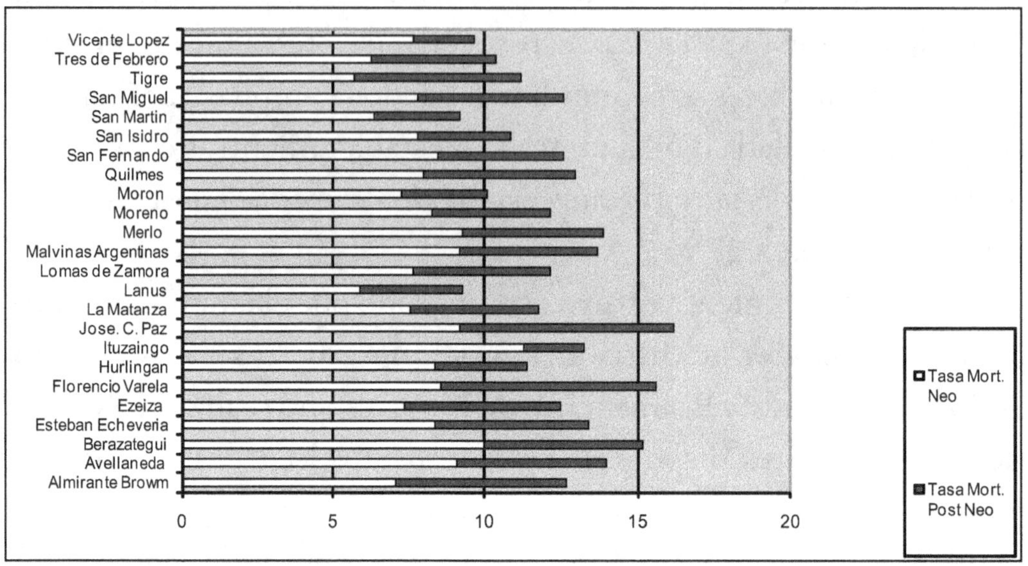

Fuente: Elaboración propia en base a datos provistos por la Dirección de Informatización Sistematizada del Ministerio de Salud de la Provincia de Buenos Aires, 2008.

En el contexto de la crisis y pos-crisis entre los años 2001 y 2003 se tornaron más evidentes las heterogeneidades –de la problemática y de las capacidades del sector– que co-existen en el conurbano bonaerense. Asimismo, se exacerbaron y cobraron nueva visibilidad las asimetrías entre municipios también al interior de las propias regiones sanitarias[4], lo que puso en cuestión la respuesta sistémica del sector y la efectividad de ese diseño organizacional. Como se analiza más adelante estas inequidades pueden verse potenciadas desde la oferta de servicios, lo que se vincula directamente con el proceso de descentralización que otorgó nuevas responsabilidades en materia de salud a los municipios que respondieron brindando prestaciones en función de sus diferentes capacidades.

---

[4] Se trata de las divisiones técnico administrativas del territorio para la acción del Ministerio de Salud de la Provincia de Buenos Aires.

A su vez, las demandas y necesidades hacia los efectores municipales y provinciales se multiplicaron y diversificaron durante esos años; lo que, en muchos casos, ubicó a la gestión municipal en un lugar sumamente dependiente de los recursos e intervenciones de niveles por encima de los locales.

Desde el lado de la demanda, la pretensión de establecer límites jurisdiccionales como fronteras y parcialidades del sistema aparece puesta en cuestión por la movilidad que presenta la población en el uso de los servicios. Como ejemplo, el siguiente mapa muestra la movilidad de las mujeres en la Región Sanitaria V en el momento del parto. Los círculos de distinto tamaño muestran que mientras en algunos municipios más de 96 % de las mujeres paría en la maternidad del municipio en el que residen, en otros casos solo alcanzaba algo menos de 70 %. En consonancia con estos valores, el número de embarazadas que residiendo en un municipio deciden parir en un hospital localizado en otro municipio varía —tal como lo indica el grosor de las flechas— entre 5 % y 27 %.

Mapa 2.2.: Movilidad de las mujeres para la realización del parto, Región Sanitaria V, 2004

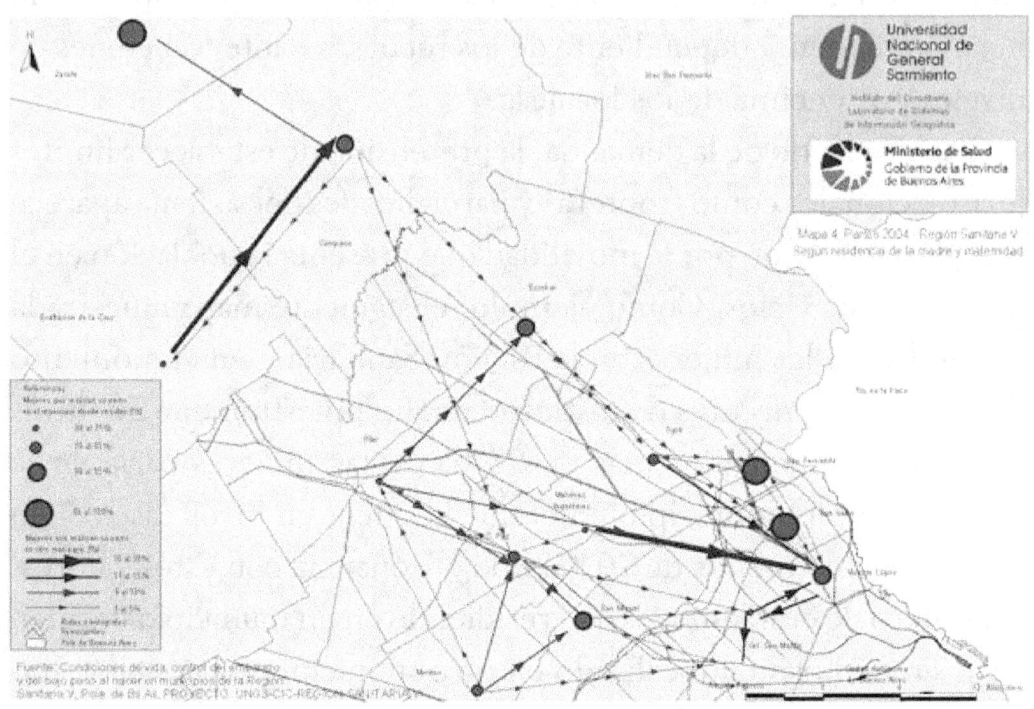

La orientación del flujo poblacional que busca resolver la atención fuera de su municipio está delimitada por el *entramado territorial*, configurado tanto por las barreras de acceso como por los corredores urbanos –ferrocarriles y autopistas– y el transporte público. En este sentido, en el caso tomado como ejemplo, la movilidad tiende a producirse desde la periferia hacia el primer cordón del conurbano.

Pero la movilidad no sólo se vincula a los medios y vías de transporte sino también a los servicios que brindan los prestadores públicos y a la reputación que construyen. En tal sentido, también representan "calidad de atención" y "prestigio" para la población usuaria; lo que operativamente los constituye como receptores de la demanda de otros municipios, en ocasiones ello potenciado por la existencia de barreras de acceso en las jurisdicciones donde residen: desde bonos voluntarios a dificultades para conseguir turnos o atención en las urgencias.

Como señalamos previamente, las características de las poblaciones con alta movilidad afirma la necesidad de pensar el sistema de salud en la lógica de las redes más que en enclaves territoriales autónomos; la demanda muestra una circulación que rebasa los límites jurisdiccionales y requiere ágiles mecanismos de articulación entre niveles y entre municipios.[5]

Visto desde el nivel local, el sistema de salud en el conurbano bonaerense aparece fuertemente fragmentado así como exacerbadas las asimetrías territoriales por la descentralización y los procesos socioeconómicos de la década de 1990. En tal sentido la necesidad de articulación y la integración efectiva entre la gestión territorial local en salud y la gestionada por sobre la local, que permitan comenzar a construir mayor equidad –lo que implica revertir las brechas existentes en los principales indicadores socio sanitarios– se presenta como el principal reto de la política sanitaria en la región. Ante las complejidades del territorio y los desafíos de la gestión local, se torna central analizar la trama interjurisdiccional a la luz de la coordinación como un "problema" de la política sanitaria.

II. La política sanitaria en la trama intergubernamental: la coordinación como problema

Como venimos argumentando, las *brechas existentes* en las condiciones socio sanitarias y la movilidad de la población en la búsqueda de atención son dos atributos que caracterizan la demanda a los

---

[5] En el capítulo 4 de esta publicación, Mariela Rosen trabaja con la noción de flujos para analizar la movilidad poblacional que caracteriza al espacio metropolitano.

servicios de salud en el conurbano. En ese contexto resulta clave analizar cómo la política sanitaria garantiza, o busca garantizar, la igualdad de derechos en el acceso efectivo a la salud. Dicho de otro modo, interesa conocer cuáles son las reglas de juego y las capacidades disponibles en los distintos niveles gubernamentales para dar cuenta diferencialmente de estas brechas, de las desigualdades en el acceso a los servicios.

Aunque la pregunta interpela muy distintos aspectos de la política sanitaria y de las condiciones institucionales en las que ésta se desarrolla, nuestro aporte pondrá el foco en dos cuestiones. La primera refiere a la complejidad de la trama institucional que caracteriza al subsector público después de la descentralización; y la segunda, alude a los mecanismos de coordinación financiera y los incentivos que éstos suponen. Aun reconociendo la existencia de fuertes relaciones entre ambas, proponemos pasar revista a los "nudos críticos" que, en uno y otro fenómeno, constituyen las coordenadas desde las cuales se produce (y a la vez se expresa) la política sanitaria en la región.

a. La trama institucional: un estado de situación

La *complejidad*, atributo que caracteriza a la trama institucional de la salud en la Provincia de Buenos Aires, puede ser explicada por las características que asumieron los procesos de descentralización. En la actualidad, la organización del subsector público de salud compromete la acción de tres jurisdicciones (nacional, provincial y municipal) tanto en la definición de regulaciones como en la gestión de los recursos humanos, en la generación de programas de prevención y promoción y en la dotación de infraestructura y equipamiento.

La trama de servicios que resultó (y resulta) de esta acción multijurisdiccional se ha ido constituyendo por un proceso progresivo, aunque no necesariamente orgánico ni ordenado, de transferencia de efectores y recursos desde la nación hacia la provincia, y desde la provincia hacia los municipios. Inversamente, la reasunción del ejercicio de funciones, como el traspaso de algunos hospitales a la órbita provincial, tuvo también capacidad para reorganizar las relaciones entre las jurisdicciones.

A pesar de la magnitud y complejidad que supone la atención de la salud de más de nueve millones de habitantes, cuestiones relativas al conjunto de las prestaciones a garantizar y a las responsabilidades entre jurisdicciones estuvieron fuera de la agenda de la descentralización en la provincia y en la nación; en ese contexto, y tal como insiste en distintos trabajos Cetrángolo, la "discusión sobre la coordinación y el mejoramiento de la eficiencia y la equidad de los servicios sociales se transformó en una mera discusión de reparto de fondos" (Cetrángolo, en PNUD, 2004: 58). Aunque con atributos particulares, los procesos en la Provincia de Buenos Aires compartieron con la dinámica nacional resultados comunes: un sistema de salud muy fragmentado (incluso al interior del propio subsector público), heterogéneo en sus prestaciones y poco equitativo.

Muy probablemente, la propia historia del tratamiento institucional de la salud como un aspecto de la "cuestión social" en la Argentina, permita explicar —entre otras cosas— las dificultades para la conformación de una agenda sistemática de la descentralización, y ayude a entender el aún más sinuoso derrotero de tales políticas. Se trata de una cuestión que no figuraba en el siglo XIX entre las demandas políticas y tampoco figura en la Constitución Nacional como objeto de definición de responsabilidades entre los distintos niveles jurisdiccionales, razón por la cual quedó (de modo residual) bajo la órbita provincial; sin embargo, hacia mediados del siglo XX el gobierno nacional avanzó —más allá del mandato constitucional— con la apertura de hospitales nacionales, los que fueron posteriormente transferidos a las provincias (Cetrángolo y Jiménez, 2004: 26).

Por distintas razones, la matriz que resulta de estos procesos enfrenta en la Provincia de Buenos Aires una complejidad mayor. A las características institucionales propias de un sistema municipalizado[6] se suma un nivel intermedio constituido por las Regiones Sanitarias, espacios desconcentrados del Estado provincial para la coordinación regional en los aspectos técnico administrativos y de articulación.[7]

Aunque por fuera de la formalización que la organización de un "sistema" podría suponer, la cristalización de los procesos que tuvieron lugar en las últimas décadas esboza en el conurbano bonaerense un mapa institucional que muestra ciertos *criterios de especialización por jurisdicción*, y dibuja atributos particulares en el *patrón de la oferta* según las Regiones Sanitarias.

Tributaria de procesos domésticos y de otros que expresan las tendencias globales de las reformas, la descentralización en la Provincia de Buenos Aires remodeló de manera decisiva la distribución de tareas dentro del Estado en el campo de la salud. La transferencia de los centros de salud provinciales (aquellos originalmente creados en el marco del Plan Muñiz[8]) a la órbita de los municipios (Ley Provincial 11554/94) fue una iniciativa importante que avanzó en la descentralización de las funciones relativas a la atención primaria

---

[6] En una situación similar se encuentra la Provincia de Córdoba y, más recientemente, con modelos mixtos las de Misiones y Santa Fe.

[7] La creación de las Regiones Sanitarias data del año 1966, y fue modificada más recientemente por Decreto 3377/2006.

[8] Hacia fines de la dictadura militar y bajo la influencia de los postulados de Alma Ata, el Plan Muñiz buscó desarrollar el primer nivel de atención, especialmente en términos de infraestructura ya que implicó la construcción de aproximadamente cien Unidades Sanitarias en toda la Provincia, pero con particular concentración en el conurbano bonaerense (Chiara, 2000: 15).

de la salud, poniendo a ésta en la órbita municipal; estos efectores (que llegaron a ser aproximadamente unos cien, gran parte de ellos concentrados en el conurbano) se sumaron a los que, a iniciativa de las Sociedades de Fomento se encontraban en plena formalización e incorporación a la órbita de los municipios.

Así, en apenas dos décadas se fue modelando un *primer nivel de atención en la órbita municipal* como resultado de un doble *proceso de municipalización*[9]: por una parte, de los centros de salud de origen provincial (producto de la descentralización) y, por otra, de las Salas de Primeros Auxilios promovidas por las Sociedades de Fomento;[10] al tiempo que distintos programas —con desigual intensidad— los fueron dotando de recursos de distinto tipo.[11] En dos décadas la cantidad de centros de salud pasó, de 402 en 1988, a 715 en el año 2008.[12] No obstante este crecimiento, el primer nivel de atención

---

[9] Dado el doble sentido del proceso preferimos hablar de "municipalización", comprendiendo aquí tanto a aquellas transferencias que resultan de la descentralización como a las que resultaron de la asunción de responsabilidades por parte de los municipios respecto de iniciativas sociales y vecinales.

[10] Un análisis de la compleja génesis del primer nivel en el conurbano se encuentra en Chiara, Di Virgilio y Miraglia (2008: 144-147).

[11] Hacemos referencia a la creación de la Dirección de Atención Primaria, al Programa ATAMDOS (Atención Ambulatoria y Domiciliaria de la Salud), al Plan Salud con el Pueblo, Salud para Todos y a programas con financiamiento externo como el Programa Materno Infantil y Nutrición (PROMIN) (Chiara, Di Virgilio y Miraglia; 2008: 147-151).

[12] Con base en el Informe de Coyuntura Centro de Estudios Bonaerenses, 1995, citado por Mercedes Di Virgilio en "La gestión de las políticas para el sector salud en el ámbito local en el contexto de la reforma del Estado. El caso del ex municipio de General Sarmiento", capítulo III del Informe de Investigación "La gestión del subsector público de salud en el nivel local. Estudios de caso en el conurbano bonaerense", ICO- UNGS.

se presenta todavía insuficiente en relación a la magnitud de la población que debe atender.[13]

Cuadro 2.1: La trama intergubernamental de la gestión sanitaria en el conurbano bonaerense, 2008

	Centros de Atención Primaria de la Salud (CAPS)	Consultas médicas totales	Consultas en CAPS	Hospitales	Camas
Nacionales	--	580.369	--	2	481
Provinciales	--	4.749.804	--	30	5.599
Municipales	715	20.222.645	16.937.486	34	2.802
Totales	715	25.552.818	16.937.486	66	8.882

Fuente: Elaboración propia en base a datos provistos por la Dirección de Informatización Sistematizada del Ministerio de Salud de la Provincia de Buenos Aires, 2008.

La especialización municipal sobre la atención primaria que resultó de este proceso de municipalización se pone también en evidencia en la distribución de las *consultas médicas totales* según la jurisdicción del establecimiento: la mayor parte (79 %) se realiza, tanto en el primero como en el segundo nivel, en la órbita municipal; mientras que solo 19 % de las consultas tienen lugar en los hospitales provinciales. Interesa destacar que hablamos aquí de "atención primaria de la salud" (APS) y no de "primer nivel de atención" en tanto se supone que la mayor parte de las consultas realizadas en el segundo nivel refieren a las especialidades comprendidas en la APS.[14]

---

[13] En el capítulo inicial de esta publicación, Federico Tobar da cuenta del desbalance entre el primer y el segundo nivel de atención en la oferta pública en la región metropolitana.

[14] Se consideran comprendidas en la APS las siguientes especialidades: medicina general o clínica, pediatría, ginecología, obstetricia y salud mental; en algunos casos comprende también a cardiología.

En relación al denominado "segundo nivel de atención", constituido por los hospitales, el mapa es resultado también de distintos tipos de fuerzas, algunas *centrífugas* y otras *centrípetas*. Entre las primeras, se verifica una tendencia a la creación de establecimientos, la dotación de equipamiento de diagnóstico y tratamiento y la ampliación del número de camas bajo la órbita municipal. Las deficiencias en los hospitales provinciales, y sumado ello a la búsqueda de niveles de autonomía mayor por los municipios en la resolución de las necesidades de derivación, configuraron condiciones de posibilidad para un desarrollo que, sin duda, operó con mayor énfasis en las zonas norte y noroeste. Los casos de Malvinas Argentinas (Hospital Pediátrico Mari Gervasoni, Hospital Oftalmológico, Hospital Materno Infantil Mohibe Akil de Menem, Centro de Alta Complejidad Cardiovascular Presidente Juan Domingo Perón, Hospital Municipal de Trauma y Emergencia Dr. Abete, Polo Sanitario de Malvinas Argentinas) y de San Isidro (Hospital Central de San Isidro Dr. Melchor A. Posse) son ejemplos que mojonan este mapa regional; su lógica de gestación, sin embargo, debe comprenderse en el marco de la política local cuyas dinámicas analizaremos en el apartado siguiente.

Entre las fuerzas que denominamos "centrípetas" se destaca la transferencia a la órbita provincial de algunos establecimientos municipales, como el Hospital "Mi Pueblo", de Florencio Varela, y el Hospital "Mariano y Luciano de la Vega", de Moreno; en esta inercia se inscribe también durante la década de 1990 la creación de hospitales en la jurisdicción provincial (José C. Paz, Berazategui)[15], financiados entonces por la "Unidad Ejecutora de Reconstrucción del Gran Buenos Aires", a la que también se llamó "Fondo de Reparación Histórica del Conurbano". Estos procesos permiten matizar las lecturas acerca de las dinámicas

---

[15] Hospital Mercante de José C. Paz, y Hospital Evita Pueblo de Berazategui

vigentes en aquella década en torno a la distribución del trabajo dentro del Estado (Danani et al., 1997: 48-49).

Resultado de esta doble dinámica, la jurisdicción municipal alcanzó una leve primacía sobre la provincial —históricamente responsable del segundo nivel— en la cantidad de hospitales públicos; según datos del año 2008, 34 establecimientos (54 % del total) estaban bajo jurisdicción municipal mientras una cantidad algo menor, 30, pertenecían a la provincia y dos a la nación.

La ventaja municipal que se advierte en la cantidad de establecimientos se revierte en la dotación de camas. Según datos del mismo año la capacidad para resolver internaciones sumadas las jurisdicciones nacional y provincial es bastante mayor que en las municipales: 61 % de las camas (5599) son provinciales y 7 % nacionales (481), mientras que 33 % (2802) de las camas son municipales.

Las características de la trama institucional que cristalizan estos datos y sus matices locales ponen en el centro del análisis la tensión (o el dilema, como propone Jordana) entre los costos de coordinación y los beneficios del pluralismo institucional (y la posibilidad de expresión de preferencias locales), que se sitúan en el ámbito de las relaciones intergubernamentales. Siguiendo a Jordana, "la forma [en que] se articulan estas relaciones, mediante qué canales se establecen, en qué medida consiguen generar un equilibrio de poderes entre niveles (formales e informales), son aspectos clave para entender la lógica de la descentralización en un país, más allá de sus aspectos técnicos y administrativos" (Jordana, 2001: 28).

Estos emergentes, expresivos de la historia de conformación del sector en la región, son datos estructurales de relevancia para analizar la capacidad potencial del sistema para resolver prestaciones de mayor complejidad independientemente de las decisiones de las autoridades locales, y acceder tanto a recursos críticos (las plazas para derivaciones, por caso) como a la posibilidad de construcción de redes de atención (en tanto particular configuración sectorial de las relaciones intergubernamentales) que garanticen no sólo el acceso sino también el tránsito de los pacientes en el conjunto del sistema.

Mapa 2.3: Total de camas públicas por jurisdicción, conurbano bonaerense, 2008

Fuente: Elaboración propia en base a datos provistos por la Dirección de Informatización Sistematizada del Ministerio de Salud de la Provincia de Buenos Aires, 2008, y el INDEC, 2001.

La reciente creación de establecimientos hospitalarios y la ampliación en la cantidad de camas configuran situaciones bastante diferentes en el propio interior del conurbano. No puede entonces llamar la atención que sea en la zona sur (Región Sanitaria VI) donde se logre incursionar en modelos innovadores en su gestión como es el Hospital El Cruce de Alta Complejidad en Red (Quilmes,

Berazategui, Almirante Brown y Florencio Varela), de jurisdicción mixta nacional y provincial.[16]

La distribución de las camas de terapia intensiva pone en evidencia las limitaciones estructurales para organizar redes de derivación. Mientras, según los datos de 2008, las camas para Terapia Intensiva de Adultos mantienen (con alguna variación) una proporción similar a la del total de camas para la internación no prolongada de enfermos agudos (67 % bajo la órbita provincial y 30 % bajo la municipal), las camas para Terapia Intensiva Pediátrica municipales tienen cierto predominio sobre aquellas a cargo o de la provincia o de la nación; son 40 camas municipales (44,4 %) sobre un total de 90 (14,4 % en la órbita nacional y 41 % en la provincial).

Cuadro 2.2: Camas en unidades de Terapia Intensiva para Adultos y de Pediatría según jurisdicción, conurbano bonaerense, 2008

	UTI Adultos		UTI Pediatría	
	Cantidad	%	Cantidad	%
Nacional	10	3,31 %	13	14,44 %
Provincial	202	66,89 %	37	41,11 %
Municipal	90	29,80 %	40	44,44 %
Total	302	100,00 %	90	100,00 %

Fuente: Elaboración propia en base a datos provistos por la Dirección de Informatización Sistematizada del Ministerio de Salud de la Provincia de Buenos Aires, 2008.

---

[16] El Hospital El Cruce es un centro de alta complejidad en "red" que surge como respuesta a la necesidad de los habitantes de la zona sur del conurbano bonaerense de acceder a una atención de mayor complejidad.

Mapa 2.4: Total de camas en unidades de Terapia Intensiva para Adultos y de Pediatría por jurisdicción, conurbano bonaerense, 2008

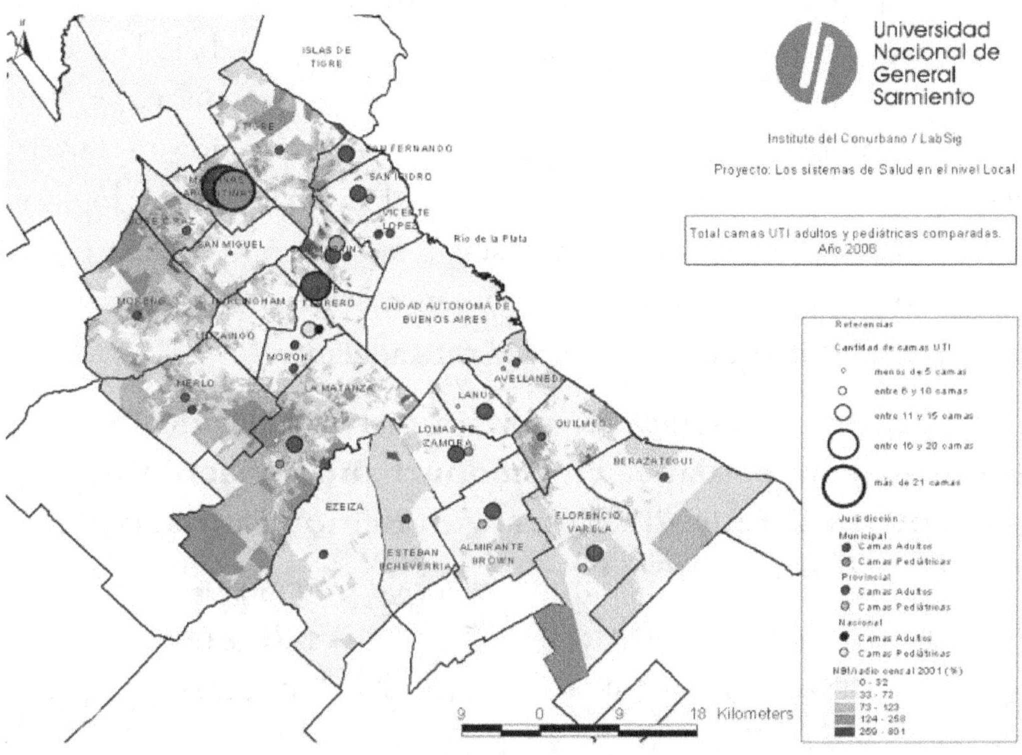

Fuente: Elaboración propia en base a datos provistos por la Dirección de Informatización Sistematizada del Ministerio de Salud de la Provincia de Buenos Aires, 2008, y el INDEC, 2001.

Esta distribución continúa mostrando las diferencias entre las Regiones Sanitarias del conurbano bonaerense a las que nos referimos antes. En la Región Sanitaria V (que comprende a los

---

En este sentido constituye un nodo de la red de salud integrada por los cinco hospitales de la región; a El Cruce solo se puede acceder desde una derivación de los hospitales zonales en caso de requerir una mayor complejidad; esto se realiza por medio de un servicio de gestión de pacientes que coordina los turnos de las diferentes especialidades. Comienza a funcionar en el año 2008 con 58 camas.

municipios de la zona norte del conurbano)[17] 55 % de las camas para Terapia Intensiva de adultos, y 70 % de las camas para Terapia Intensiva Pediátrica (28 camas) están bajo jurisdicción de dos municipios: Malvinas Argentinas y San Isidro; mientras que en la Región Sanitaria VI los porcentajes de camas de complejidad bajo la órbita municipal son menos (13,08 % adultos y 19,35 % pediátricas). En la particular configuración de patrones de distribución de tareas dentro del sistema de salud parece necesario interrogar a las lógicas locales para poder entender apuestas a la alta complejidad poco justificables desde las convenciones en materia de organización sanitaria, aspecto que abordaremos más adelante.

Cuadro 2.3: Camas para terapia intensiva (UTI) de adultos y para pediatría en el conurbano bonaerense, y porcentajes por jurisdicción según Región Sanitaria, 2008

			Municipal	Provincial	Nacional
Región V	UTI Adultos	116 (100 %)	64 (55,17 %)	52 (44,83 %)	0 (0 %)
	UTI Pediatría	40 (100 %)	28 (70 %)	12 (30 %)	0 (0 %)
Región VI*1	UTI Adultos	107 (100 %)	14 (13,08 %)	93 (86,92 %)	0 (0 %)
	UTI Pediatría	31 (100 %)	6 (19,35 %)	25 (80,65 %)	0 (0 %)
Región VII*2	UTI Adultos	65 (100 %)	22 (33,85 %)	33 (50,77 %)	10
	UTI Pediatría	13 (100 %)	0 (0 %)	0 (0 %)	13
Región XII*3	UTI Adultos	20 (100 %)	6 (30 %)	14 (70 %)	0 (0 %)
	UTI Pediatría	6 (100 %)	6 (100 %)	0 (0 %)	0 (0 %)

Fuente: Elaboración propia en base a datos provistos por la Dirección de Informatización Sistematizada del Ministerio de Salud de la Provincia de Buenos Aires, 2008. *1 Almirante Brown, Avellaneda, Berazategui, Esteban Echeverría, Ezeiza, Florencio Varela, Lanús, Lomas de Zamora, Quilmes. *2 Hurlingham, Ituzaingó, Merlo, Moreno, Morón, Tres de Febrero. *3 La Matanza.

---

[17] José C. Paz, Malvinas Argentinas, San Fernando, San Isidro, San Martín, San Miguel, Tigre, Vicente López y otros partidos que están por fuera del conurbano.

b. Sobre los mecanismos de coordinación financiera y los incentivos

El desafío que supone organizar una red de prestaciones que articule los niveles de complejidad independientemente de la jurisdicción a la que pertenecen los establecimientos depende, entre otros aspectos, del marco de las reglas de juego y de los incentivos en ese sentido que existan desde instancias superiores a las locales.

En este aspecto, la Provincia de Buenos Aires presenta algunas particularidades en su *régimen de coparticipación de recursos hacia los municipios* que resulta necesario tener en cuenta en este análisis. Ese sistema fue adoptado en el año 1987, y reformado unos años después, con el objetivo de resolver los problemas financieros que acumulaban los municipios como consecuencia de la incorporación de los servicios de salud.

Una primera cuestión a destacar, siguiendo a Iarussi, es que esta ley no se plantea originalmente como un instrumento de la política sanitaria. Se trata de un sistema de transferencias de carácter *devolutivo* que involucra a 37,13 % del total de la coparticipación; cabe recordar que la parte principal de esa masa se redistribuye a los municipios según sus superficies y población y en relación inversa a la capacidad tributaria de ésta. (Iarussi, 2008: 270-272) Según este sistema, aquella parte de los recursos transferidos en concepto de salud se distribuye conforme al siguiente criterio: 35 % en proporción directa al número de camas, perfil de complejidad y porcentaje ocupacional de camas de los establecimientos con internación de cada municipio; 25 % en proporción directa al número de consultas médicas registradas en los establecimientos de su jurisdicción, tengan o no internación; 10 % en proporción directa al número de egresos registrados en tales establecimientos, pero con internación; 20 % en proporción directa al número de pacientes por día registrados en los establecimientos con internación; y, por último, 10 % en forma proporcional al número de sus establecimientos sin internación (Ley Provincial 10.820 de agosto de 1989).

En distintos trabajos se avanzó en el análisis de los impactos de estas reglas de juego en la dinámica y organización del sistema;[18] recuperando estos aportes en relación a la pregunta sobre los incentivos que orienta parte de nuestras reflexiones, interesa destacar dos aspectos.

El primero tiene que ver con la *insuficiencia de los fondos asignados* por este medio para financiar los costos crecientes que supone sostener los servicios de salud. En términos generales, los municipios deben afectar una parte importante de recursos para cubrir los gastos derivados de esas prestaciones, fenómeno que comprende tanto a aquellos que tienen hospitales a su cargo como a los que sostienen sólo establecimientos de primer nivel. Aunque se trata de una situación muy generalizada existen en el conurbano casos aislados en los que es posible hablar de un financiamiento casi pleno solo con los recursos derivados de la coparticipación.

El segundo aspecto tiene que ver con que los criterios establecidos en la fórmula del sistema de distribución secundaria de la coparticipación incentivan el desarrollo del segundo nivel de atención y, muy especialmente, la alta complejidad. Esa tendencia se profundizó a partir del dictado de la Resolución 198 (1989) del Ministerio de Economía de la Provincia de Buenos Aires; en ella se determina que el "perfil de complejidad" es la máxima complejidad existente en el municipio. Así definido por la resolución, este "multiplicador" genera un impacto rápido en el aumento de la coparticipación modificando los valores a transferir por la totalidad de las camas municipales (sean éstas para enfermos agudos o cró-

---

[18] Barbieri (2007), Iarussi (2008), Garriga (1995); Ministerio de Economía (2002); Chiara, Di Virgilio y Ariovich (2008).

nicos); de este modo, las camas ocupadas de la misma complejidad resultan valorizadas de manera diferente en distintos municipios según cuál sea la complejidad máxima que haya alcanzado (Iarussi; 2008: 276).

Estos mecanismos dieron como resultado un esquema de distribución de recursos muy desigual que se ha ido profundizando con posterioridad a la salida de la crisis 2001-2003 y que no muestra tener capacidad ni para suturar las brechas en relación a las condiciones diferenciales de la demanda (expresadas tanto en los indicadores socio sanitarios como en la cobertura de otros subsectores), ni para garantizar el tránsito de los pacientes según la necesidad de complejidad que éstos presenten, independientemente del domicilio de residencia y de la jurisdicción en la que se encuentre uno u otro servicio de diagnóstico o tratamiento. Los esfuerzos de articulación de redes de derivación y diagnóstico realizados en los últimos años tanto desde las Regiones Sanitarias como desde algunos establecimientos,[19] discurren por instancias institucionales y consensuales sin impactar en la lógica del financiamiento.

El mapa siguiente es elocuente de esa desigualdad; basado en datos de 2005 representa las transferencias en los componentes menos contaminados por la presencia/ausencia de hospitales a cargo del municipio, esto es, datos totales de "consultas" más "establecimientos sin internación" por habitante. En este caso, aproximadamente siete municipios se encontraban apenas por encima de la media aritmética de los valores para la región que se encontraba en 16 pesos por habitante total; se trata de los munici-

---

[19] Hacemos referencia aquí a la experiencia de la Gestión de Turnos para Diagnóstico por Imágenes en la Región Sanitaria V, a la experiencia de altas conjuntas desde el Hospital Posadas, a la de las oficinas de Comunicación a Distancia (OCD) que sostiene el Hospital de Pediatría SAMIC "Prof. Dr. Garraham", y a la de la red estructurada recientemente desde el Hospital "El Cruce" de Alta Complejidad en Red en la zona sur del conurbano bonaerense.

pios de Avellaneda, Esteban Echeverría, Hurlingham, La Matanza, Lanús, San Fernando y Tigre. Un segundo grupo de municipios (Berazategui, Ezeiza, José C. Paz, San Miguel y Vicente López) se encontraba recibiendo entre 21 y 25 pesos por habitante total. Los partidos de Malvinas Argentinas y San Isidro presentaban valores muy superiores llegando a duplicar las transferencias que recibe el último grupo, alcanzando valores de entre 30 y 44 pesos por habitante total (Chiara, Di Virgilio y Miraglia; 2008: 154-161).

Mapa 2.5: Coparticipación en Salud (componente consultas + establecimientos sin internación) por habitante, total, conurbano bonaerense, 2005

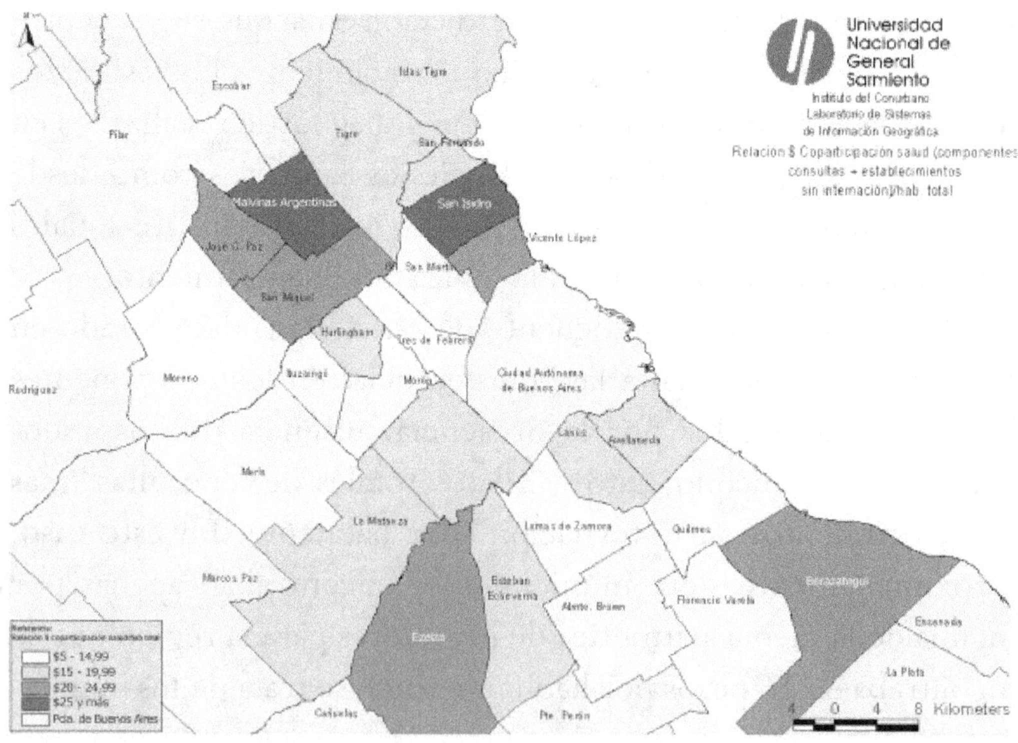

Fuente: Elaboración propia con base en datos provistos por la Subsecretaría de Planificación en Salud del Ministerio de Salud de la Provincia de Buenos Aires, 2006.

En un contexto de desarrollo progresivo de los sistemas de salud en el nivel local en las últimas décadas, las reglas de juego presentes en la distribución secundaria de la coparticipación tributaria influyen en la definición de esas políticas locales (aunque, financieramente hablando, no siempre son aprovechadas por todos, como veremos más adelante).

Cabe destacar que no son aquellas las únicas reglas de juego en materia de coordinación, sino que conviven con otras orientadas a concertar la acreditación de establecimientos en el seno de los Consejos Regionales de Salud. Se trata, en este caso, de una decisión relevante, ya que como hemos hecho referencia ella define la asignación de 65 % de los fondos a trasferir a cada municipio en concepto de coparticipación por salud. Dados los incentivos implícitos en las reglas de juego del sistema de coparticipación, la habilitación de servicios con internación y la acreditación de su nivel de complejidad es una de las decisiones más relevantes, no sólo porque compromete tal asignación de recursos (definiendo valores diferentes para el pago de los días de internación de cada municipio), sino también porque determina las condiciones estructurales desde las cuales se organizan y se sostienen las redes de servicios.

Si bien se trata de reglas de juego que podrían operar virtuosamente, las condiciones político-institucionales en las que se aplican hacen que las decisiones relativas a la acreditación no discurran siempre por instancias de consenso y, en algunos casos, se proceda desde situaciones "de hecho". La reconstrucción de los conflictos en torno a la conformación de una red de derivaciones en la Región Sanitaria V que condicionaban la acreditación de establecimientos en el partido de Malvinas Argentinas,[20] muestra tanto la potencialidad

---

[20] Se hace referencia a las tensiones que se suscitaron a mediados de 2004 en torno a una propuesta del Director de la Región Sanitaria V, según la cual se

del espacio regional para modelar acuerdos, como las debilidades en la trama de las relaciones intergubernamentales entre la provincia y algunos municipios y entre los mismos municipios.

Aun asumiendo la relevancia que tienen los aspectos técnicos y sociales en la conformación y sostenimientos de las redes de servicios de salud, el análisis precedente invita a retomar el énfasis puesto en la dimensión política por la literatura sobre "coordinación" de programas y políticas sociales. Buscando construir hipótesis explicativas de los problemas de la coordinación, Repetto pone especial ponderación en esta perspectiva tratando de dar cuenta de "las relaciones de poder entre sectores, intereses e ideologías [en nuestro campo, las formas de concebir la atención de la salud y las prioridades en los servicios que éstas decisiones suponen] en conflicto, grupos con dotaciones de poder diferenciales, brechas entre el discurso pro-coordinación e incentivos perversos que inciden en la voluntad de los protagonistas para establecer —y cumplir— acuerdos, estructuras de oportunidades para desarrollar estrategias más o menos colaborativas" (Repetto; 40-41). Desde esta perspectiva, la recuperación de los actores y las reglas de juego, formales e informales, resulta crucial para entender las lógicas y los incentivos que se juegan en estos procesos.

A la complejidad identificada por la literatura en relación a la coordinación intergubernamental, en el sector salud se suma la

---

buscaba relacionar un aporte adicional de coparticipación solicitado por el Municipio de Malvinas Argentinas junto con la acreditación de 30 camas y de un nivel de complejidad IV, a la resolución de servicios de alta complejidad, a través de prestaciones de la Subregión Oeste de la Región Sanitaria V (J. C. Paz, Malvinas Argentinas, Moreno, Pilar y San Miguel). Como resultado de esas tensiones fue desestimada la propuesta y, en consecuencia, las derivaciones se resolvieron por acuerdos bilaterales que no tuvieron a la Región Sanitaria como nodo de la red (Región Sanitaria V, Informe Regional de altas y categorización de establecimientos de alta complejidad", junio 2004).

dificultad de pensar monolíticamente[21] la coordinación de servicios, en tanto comprometen necesidades de atención, diagnóstico y tratamiento en el tránsito de los pacientes por el sistema, que suponen complejidad, costos y externalidades muy diversas.

En este campo resulta difícil pensar la cuestión de la coordinación desvinculada de la organización general del sistema en el territorio, tanto en relación a cómo organizar y garantizar la atención y las prestaciones, como a la distribución de tareas entre los distintos niveles jurisdiccionales.

Con el telón de fondo de la ausencia de estas definiciones, las características en el plano macro institucional abrieron paso a distintos tipos de respuestas locales que, aprovechando las condiciones y los recursos provenientes de otros niveles jurisdiccionales, fueron adoptando diferentes estrategias y modalidades, configurando "apuestas" disímiles en relación a cómo concebir la política de salud. Desde una perspectiva institucional, esta dinámica estuvo y está sostenida por actores que adquieren (como resultado de los procesos aludidos precedentemente) niveles de "autonomía relativa" mayor en un contexto de muy débiles reglas de juego formales de coordinación.

III. La salud en la arena municipal: condiciones y estrategias en la política sanitaria

Las reglas de juego que definen la distribución secundaria de la coparticipación de recursos provinciales modelan la política local de diferentes maneras: si bien siempre pueden constituirse en estímulo para el desarrollo de estrategias de financiamiento vinculadas a la expansión de efectores y camas de segundo nivel de atención, eso de

---

[21] Cabrero Mendoza advierte en el análisis de la coordinación intergubernamental acerca de la necesidad de no esperar comportamientos monolíticos en la coordinación de las políticas sociales (Cabrero Mendoza; 2006: 26-27).

hecho sólo ocurre cuando esas reglas se articulan con un entramado de actores en condiciones efectivas de realizarlas. Es decir, salvo excepciones, como es el caso de Malvinas Argentinas, si bien la distribución secundaria de la coparticipación ha contribuido a hacer más heterogéneo, y por ende más autónomo, al campo de la política sanitaria en el nivel local, ese proceso no ha sido tributario de la redefinición de las estrategias de financiamiento sino, antes bien, de heterogeneidades previas en relación al modelo prestacional[22] y a la dotación de efectores disponibles en el territorio.

Cuando observamos como ha evolucionado efectivamente la distribución secundaria de la coparticipación en salud en el contexto de la postcrisis 2001-2002, es posible advertir que todos los municipios de la región, en especial a partir de 2003, evidencian un importante aumento de los recursos corrientes recibidos en ese concepto. El incremento se debió fundamentalmente a los impactos positivos de la recuperación de la economía sobre la recaudación y a los efectos de la inflación. No obstante, cuando analizamos la evolución de las transferencias en pesos constantes entre los años de la postcrisis y el año 2005, advertimos que al final de período los valores no logran alcanzar a aquellos vigentes con anterioridad a la crisis.[23]

Ahora bien, dado el interés en indagar cómo los ingresos disponibles orientan —o no— las estrategias locales en materia de política

---

[22] La noción de modelo prestacional se define, por un lado, en función del nivel de complejidad en el que cada municipio decide invertir los recursos disponibles en materia de infraestructura y dotación de recursos humanos; es decir, si decide o no gestionar un hospital propio o si, antes bien, prefiere generar mecanismos de articulación con efectores de segundo nivel de las jurisdicciones provincial o nacional. Por el otro, en función de la orientación de la política sanitaria, impulsada por principios de prevención y promoción, o bien por principios asistencialistas.

[23] Para un análisis más detallado ver Ariovich, A.; Chiara, M. y Di Virgilio, M. (2008).

sanitaria, cabe interrogarnos sobre como ha evolucionado la participación de cada uno de los municipios en relación con el total de los recursos de coparticipación recibidos a lo largo del período. Cuando analizamos de punta a punta el período comprendido entre los años 2000 y 2005, advertimos que la mayoría de los partidos no han modificado significativamente su capacidad para captar recursos de la coparticipación. Resaltan, sin embargo, dos casos excepcionales, Malvinas Argentinas y Florencio Varela, que muestran importantes diferencias en la porción de recursos de coparticipación a los que acceden entre el inicio del período y su finalización. En Malvinas Argentinas encontramos una diferencia porcentual positiva que alcanza a 8,87 %, producto de un incremento significativo en el número de camas municipales y –posteriormente– la acreditación de altos niveles de complejidad en varios de sus establecimientos. En contraste, Florencio Varela experimenta el camino inverso y pasa de concentrar 8,04 % a 2,24 % de los recursos, producto en este caso de la provincialización del Hospital "Mi Pueblo". Resulta evidente que, salvo en las excepciones ya mencionadas, la estructura de la distribución de los recursos de coparticipación no se ha modificado a lo largo del período: por un lado no han variado los recursos que cada municipio recibe en concepto de tales fondos, por el otro, la proporción de recursos que cada municipio capta de la masa total de dichos recursos tampoco ha sufrido cambios importantes.

Gráfico 2.2: Diferencias entre los años 2000 y 2005 en el porcentual de la participación de cada municipio del conurbano en la coparticipación en salud

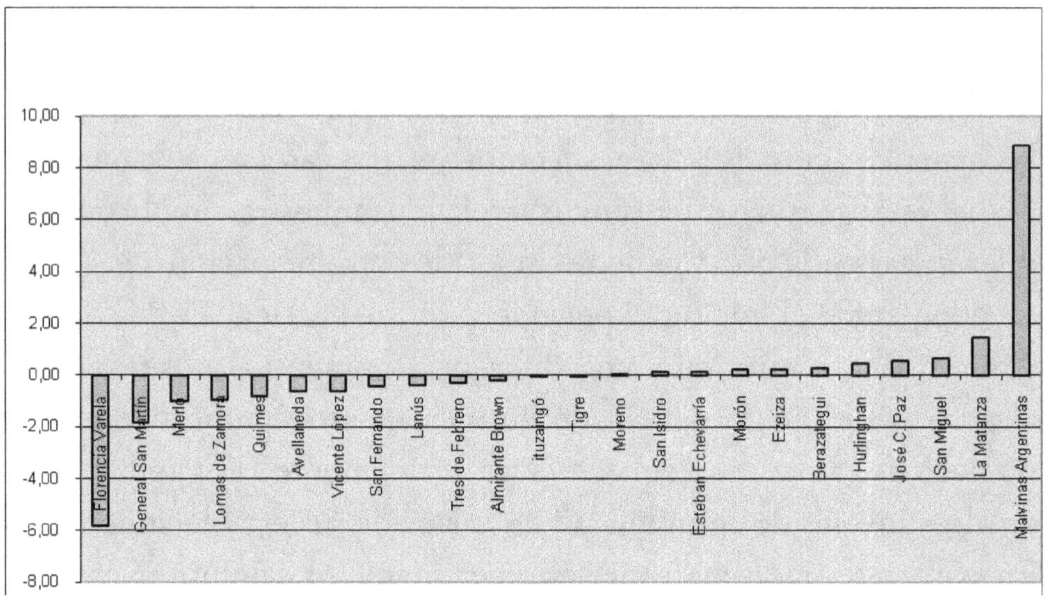

Fuente: Elaboración propia con base a datos provistos por la Subsecretaría de Planificación en Salud del Ministerio de Salud de la Provincia de Buenos Aires, 2006.

En este marco entendemos que la distribución secundaria de la coparticipación no cumple con el papel de compensar desigualdades preexistentes. Ahora bien, *¿cómo se resuelven esas heterogeneidades? ¿A qué tipo de apuestas en materia de política sanitaria dan lugar?*

El análisis de la relación entre gasto municipal con finalidad salud y los recursos recibidos desde la Provincia en concepto de coparticipación, nos brinda algunas pistas para pensar cuáles han sido las apuestas en materia de política sanitaria y cómo dichas apuestas constituyen un movimiento a favor o en contra de la autonomía local. La primera cuestión que se hace evidente cuando observamos los datos es que no todos los partidos del conurbano bonaerense dependen en igual medida de los recursos de coparticipación para llevar adelante la agenda local. Municipios como

Avellaneda, San Fernando, Tigre y Tres de Febrero cubren apenas 25 % de sus egresos en salud con dichos fondos, o aún menos, mientras que en otros casos, como por ejemplo Florencio Varela y Malvinas Argentinas, la coparticipación representa más de 60 % de sus gastos en la materia.

Mapa 2.6: Porcentaje de coparticipación provincial sobre el presupuesto municipal ejecutado, conurbano bonaerense, 2006

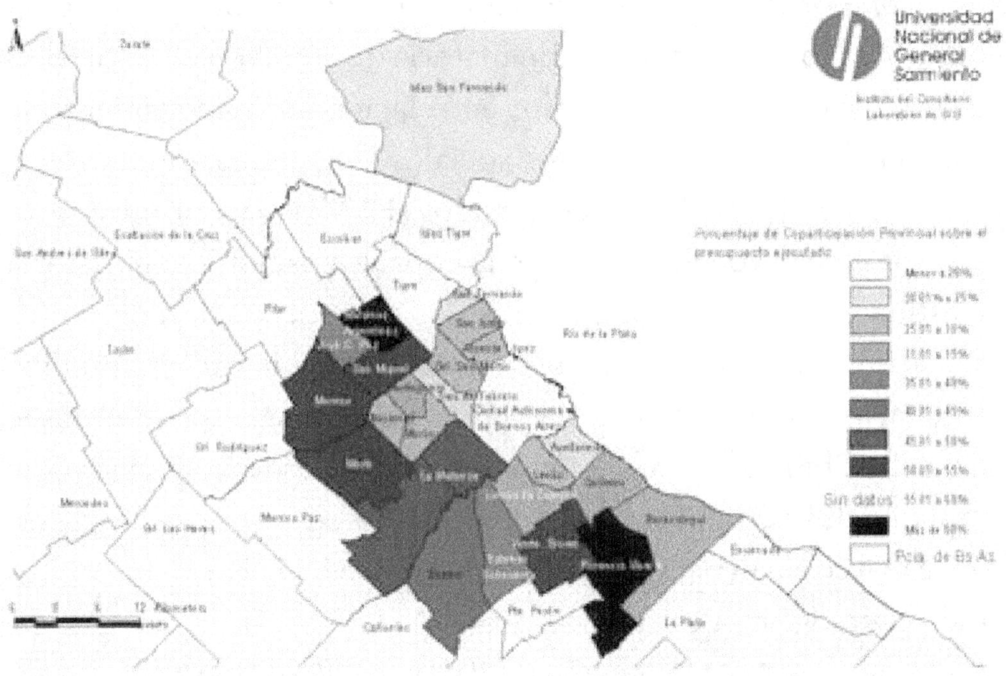

Fuente: Elaboración propia con base en datos de la Subsecretaria de Asuntos Municipales de la Provincia de Buenos Aires: www.gob.gba.gov.ar/edi.

Las brechas en los montos financiados a través de las transferencias se agudizan aun más cuando nos detenemos en el peso que tienen los fondos de coparticipación en el gasto municipal en salud. Cuando las reglas de la distribución secundaria de la coparticipación operan como incentivo en la definición de la política sanitaria local

–como es el caso de Malvinas Argentinas donde la coparticipación alcanza a 85 % de su gasto en salud– coexiste, paradójicamente, una reducción de la autonomía financiera del municipio con políticas nacionales y provinciales que muestran debilidad a la hora de modelar esa arena local.

El Municipio de Malvinas Argentinas, con altos niveles de financiamiento a través de recursos de coparticipación, busca garantizar la máxima resolución de las necesidades de derivaciones en hospitales y centros de diagnóstico bajo la órbita municipal. Se trata de una gestión que, desde el año 1997, viene organizando un sistema basado en tres pilares. En materia de atención el desarrollo de servicios de alta complejidad; en relación al financiamiento la captación de recursos de obras sociales –particularmente de la Obra Social de Jubilados y Pensionados (PAMI)–, y optimizando a su vez los incentivos derivados de la coparticipación; y en materia de gestión el desarrollo de mecanismos de contratación de profesionales que funcionan de manera alternativa a la carrera médico hospitalaria. Estos atributos dan cuenta de un sistema que posee una alta flexibilidad en la gestión mejorando, desde los servicios de complejidad, su competitividad con el subsector de obras sociales. En este marco los programas nacionales y provinciales son inscriptos como recursos en la estrategia local.

Durante la crisis de los años 2001 y 2002 se produce en este municipio un significativo incremento de la dotación de camas en general, y en particular un importante desarrollo de la complejidad, asociados a la inauguración de establecimientos de alta complejidad y al aprovechamiento de las nuevas condiciones de contratación de la Obra Social de Jubilados y Pensionados (PAMI). Estas iniciativas ponen de manifiesto una apuesta que apunta a mejorar la captación de recursos de coparticipación, y pueden pensarse como parte de una estrategia que toma distancia de las orientaciones generales que guían la organización de los sistemas de salud locales en otras zonas del conurbano bonaerense (como la zona sur, por ejemplo) y también en otros municipios de la región.

Entre los municipios que mantienen márgenes más amplios de autonomía financiera sobresalen casos como Ezeiza, San Fernando, Tigre y Tres de Febrero, en los cuales las transferencias por coparticipación representan aproximadamente un cuarto de los egresos en concepto de salud. En algunos de estos casos, los márgenes de autonomía pueden explicarse muchas veces por procesos históricos o políticos, como por ejemplo en los casos de Tigre y San Fernando.

El Municipio de Tigre presenta una organización del subsector público con un reparto de los niveles de atención para cada ámbito jurisdiccional. Así, mientras el municipio gestiona los servicios del primer nivel de atención: los centros de salud y las postas sanitarias en las islas; la Provincia se hace cargo del nivel hospitalario. Este esquema de correspondencia lineal entre el nivel de atención y la jurisdicción se vio modificado parcialmente cuando se incorporó a la órbita municipal el Hospital Comunal de Tigre. Sin embargo y más allá de los cambios recientes, Tigre es un municipio con una importante trayectoria vecinal, tanto en la gestión general de gobierno como en la específica de salud. El sistema de salud de Tigre es tributario de "salitas barriales" de atención radicadas en las viejas sociedades de fomento. Esta impronta vecinal y "fomentista" se mantuvo aun cuando la gestión de los centros de salud quedó —desde que se completó el proceso de descentralización a mediados de la década de 1990— exclusivamente en manos del municipio y se expresó con fuerza en la constitución de las asociaciones cooperadoras. De hecho, una de las reformas sectoriales más importantes de esa década fue la unificación administrativa de las cooperadoras de los centros que dio lugar a la creación de la Cooperadora Única de Tigre (CUT).

La crisis de 2001-2002 puso en cuestión la estrategia histórica de financiamiento vía las cooperadoras, siempre criticada por la oposición política en el plano local. En es contexto, ante el incremento de la demanda por servicios de salud en el subsector público local, el municipio decide reestructurar el modelo prestacional ampliando los horarios de atención en los centros de salud, generando servicios de postas sanitarias móviles y promoviendo una mayor articulación con los programas asistenciales y nutricionales (Plan Provincial Más Vida y Programa Municipal Amparar). La reestructuración del sector y la reorientación de los modelos prestacionales se vieron facilitadas por el contexto de escasez de recursos en la población, que actuó como una *barrera natural* al cobro de "bonos colaboración" poniendo en cuestión el funcionamiento de la CUT. El ingreso del Plan Remediar en 2003 terminó definitivamente con el pago de los bonos de colaboración con la cooperadora única. En este marco es posible pensar que si bien la crisis constituyó un punto clave en la reorientación del modelo de atención de la salud de Tigre, dicha reestructuración se sostuvo en los importantes niveles de autonomía financiera que se habían logrado vía la institución de la CUT.

En San Fernando, la existencia de un sistema de salud local orientado hacia la atención primaria a cargo del municipio es el resultado de un largo proceso histórico. La tradición, vinculada a la necesidad de dar respuesta a los problemas de salud de los vecinos por parte de la administración municipal, se remonta a los albores del siglo XX con la aparición de las primeras postas de hidratación bajo la tutela del municipio. La distribución de estas postas en el territorio sirvió de base para la estructuración de una red territorial de efectores sanitarios cuya administración siempre dependió de las autoridades locales. Actualmente, los Centros de Salud se organizan como espacios diseñados para garantizar la prevención y la promoción de la salud y para incentivar la vida comunitaria.

El municipio nunca tuvo a su cargo efectores del segundo nivel de atención. En ese marco, asegurar la articulación de los Centros de Salud con el segundo nivel de atención en la jurisdicción de la Provincia de Buenos Aires ha constituido una importante preocupación del gobierno municipal a lo largo de tiempo. En los últimos años, dicha articulación se ha sustanciado gracias a la implantación de una instancia formal, la "oficina cinco", a través de la cual se coordinan todas las consultas que involucran mecanismos de referencia y contrarreferencia.

En el caso de San Fernando, la crisis de 2001-2002 profundizó la necesidad de que la política sanitaria municipal brindara respuestas a las crecientes demandas de la población local. Éstas cobraban cada vez mayor relevancia en un escenario en el que sólo algunos programas implementados desde los ministerios de Salud nacional y provincial lograron desarrollarse efectiva y sostenidamente en el nivel local y asegurar prestaciones. En la salida de la crisis, el papel de este tipo de intervenciones verticales en el sector se fue desdibujando y, nuevamente, la política sanitaria municipal adquirió protagonismo. En ese contexto es posible pensar que la crisis de principios de la década operó como una ventana de oportunidad para profundizar la dinámica autonómica surgida en el proceso mismo de desarrollo del sistema de salud local. Es decir, se trata de un proyecto local construido históricamente a partir de intervenciones estatales municipales, que se articula —a su vez— con ciertos niveles de autonomía financiera.

Mapa 2.7: Incidencia de la coparticipación provincial en la cobertura de salud municipal, conurbano bonaerense, 2006

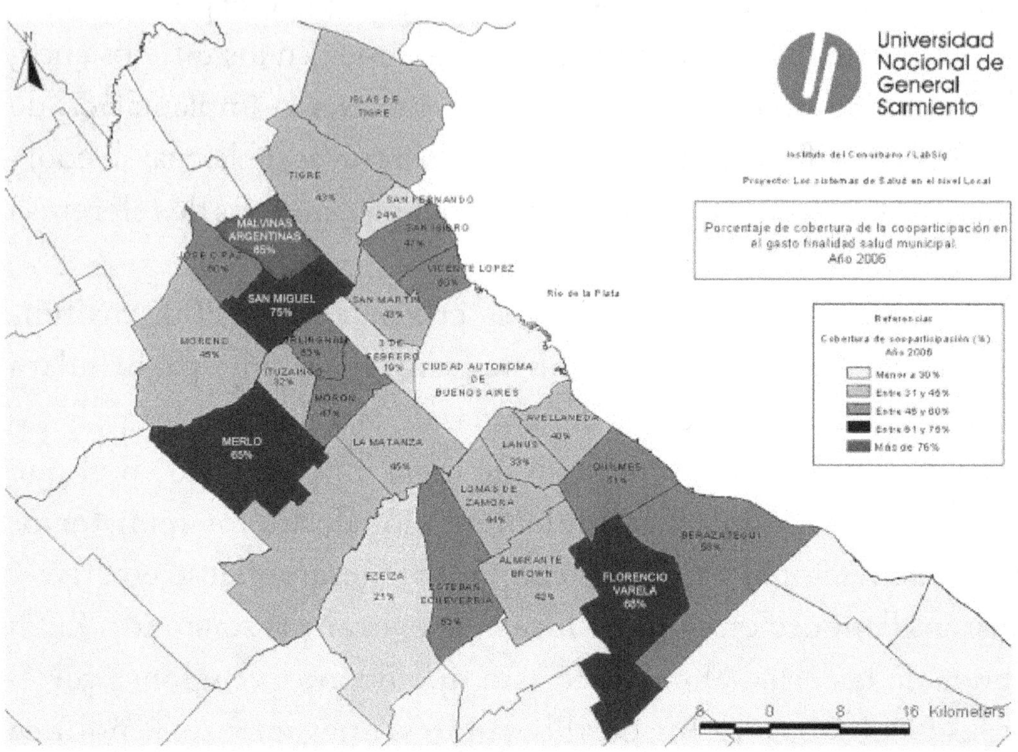

Fuente: Elaboración propia con base en datos provistos por la Subsecretaría de Planificación en Salud del Ministerio de Salud de la Provincia de Buenos Aires, 2006.

La centralidad de la política sanitaria en la política local

Cuando nos detenemos a indagar en la proporción de los recursos municipales destinados a la política sanitaria, sobresale la importancia presupuestaria que tiene la finalidad salud para un amplio conjunto de municipios. Malvinas Argentinas constituye el ejemplo más significativo, con más de la tercera parte de su presupuesto municipal volcado a este sector; sin embargo, y con porcentajes poco algo menores, Esteban Echeverría, La Matanza y San Miguel muestran situaciones similares. Cabe preguntarse, entonces, *a qué se asocia la centralidad de la salud en las decisiones de la política local.*

En el caso de Malvinas Argentinas la gestión de la cartera de salud parece haber sido un motor para el gobierno municipal. La Secretaría de Salud construye infraestructura y presencia del gobierno local a través de la puesta en marcha del Polo Sanitario, la creación del Hospital Pediátrico "Mari Gervasoni" (de recuperación y rehabilitación), la creación del Centro Municipal de Alta Complejidad y la inauguración del Centro Municipal de Diagnóstico durante el curso de los meses más álgidos de la crisis 2001-2002. Asimismo, el municipio articula y organiza desde los efectores sectoriales de salud parte de las intervenciones que desarrolla en los barrios y en los hogares: servicios sociales y algunos de los servicios vinculados a la "seguridad ciudadana". Sin embargo, la centralidad del sector en la política local parece emanar más de la apuesta a convertirse en un centro de referencia en la región que al desarrollo de estas tramas en la escala barrial. La dotación para internación y la complejidad asociada (más de quinientas camas agudas bajo la órbita municipal y las 30 y 22 camas, respectivamente, en unidades de terapia intensiva para adultos y de pediatría) son recursos que se ponen en valor en la arena externa de distinto modo: como prestadores para las obras sociales (especialmente PAMI), como lugar de derivación para las poblaciones de otros municipios (muchas veces a partir de convenios con los ministerios de Salud de la Nación o de la Provincia de Buenos Aires, y con los municipios vecinos), y para resolver internaciones en contextos críticos de emergencia sanitaria (como fue en el invierno de 2009 el de Gripe H1N1, o en las epidemias de bronquiolitis).

En San Fernando, donde la cuarta parte del presupuesto municipal se orienta a cubrir los gastos del sector Salud pública, la estrategia parece ser opuesta: la gestión de la salud está fuertemente articulada con la gestión de otras áreas del gobierno municipal como Desarrollo Social y Planeamiento. El supuesto básico de la política sanitaria local es que las mejoras en la calidad de vida operan como malla de contención y prevención de los problemas de salud. En este marco, el *reordenamiento urbano* se consolida como una pieza importante de la política sanitaria local.[24] Las inversiones del Estado municipal se focalizan en la zona oeste, donde se encuentran los barrios y asentamientos más precarios. Este tipo de actuaciones orientadas a mejorar el espacio urbano buscan impactar sobre las condiciones sanitarias de la población. De este modo, los programas de reordenamiento urbano se articulan con la planificación en salud,[25] en una política definida desde el gobierno local como de *convivencia social*. Paralelamente, la gestión de la política sanitaria se despliega a través del fortalecimiento de la Atención Primaria, instrumentada como una estrategia para favorecer la equidad en el acceso a la salud y la integración social.

En el caso de Tigre —con el ya mencionado legado vecinal y "fomentista" y sus líneas de continuidad en una gestión apoyada en la organización de la cooperadora única para financiar el primer nivel— el peso del sector salud en el presupuesto municipal se ha mantenido en niveles relativamente bajos (próximos a 17 % para el año 2006). Las inversiones en este sector se destinan principal-

---

[24] El reordenamiento urbano aparece como un importante objetivo en los lineamientos del Plan de Gobierno 2003-2007 y en las premisas del Plan de Gobierno 2007-2011. La iniciativa comprende las obras públicas de infraestructura y saneamiento, la ampliación de la red de agua potable y la realización de nuevas cloacas.

[25] Cabe resaltar que esta articulación de políticas sociales y sanitarias tiene como marco la fusión formal de las Secretarias de Desarrollo Social y Salud en el año 2002. Asimismo, sus equipos técnicos integran el equipo de la gestión desde el año 2001.

mente a la atención en el primer nivel (medicina asistencial, centros y postas de salud, más el servicio de emergencia ambulatorio) y, desde el año 2005, al Hospital Comunal. Sin embargo, cabe señalar, que la incorporación de este efector a la órbita municipal no se ha traducido en una modificación significativa del modelo de prestaciones ofrecido. Precisamente, el mayor énfasis en la agenda local durante el período bajo análisis parece haberse concentrado en la inauguración del nuevo Hospital Provincial de General Pacheco, y la negociación —con el Ministerio de Salud de la Provincia de Buenos Aires y con los gremios del sector— en torno a la continuidad y reorganización del antiguo nosocomio ahora bajo la jurisdicción local.

Mapa 2.8: Gastos en salud pública en relación con el total de los gastos municipales, conurbano bonaerense, 2006

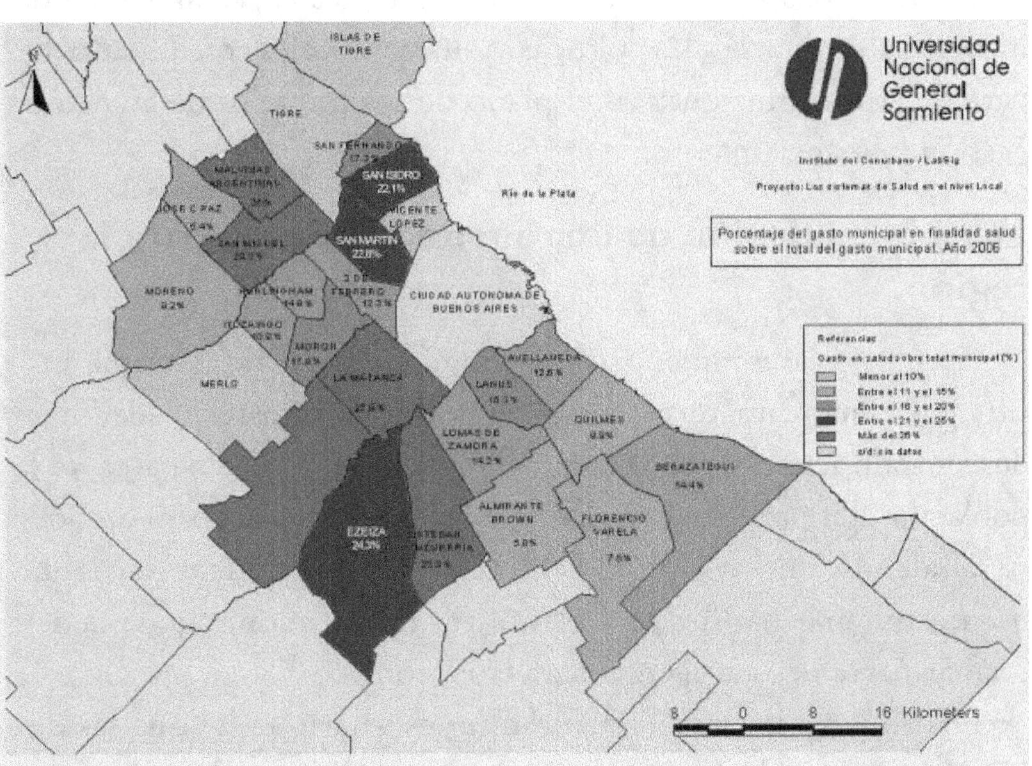

Fuente: Elaboración propia con base en datos provistos por la Subsecretaría de Planificación en Salud del Ministerio de Salud de la Provincia de Buenos Aires, 2006.

Las múltiples y variadas modalidades a través de las cuales se financian los sistemas de salud locales invitan a reflexionar sobre *el papel que juegan los recursos nacionales y provinciales en la definición de la política sanitaria local.* Resulta evidente que los municipios desarrollan estrategias con altos niveles de autonomía en la gestión del subsector público municipal, y que dichas estrategias son relativamente independientes de la importancia que tiene el componente presupuestario en esa definición. Los *márgenes de autonomía relativa* se definen en diferentes *escenarios locales de gestión*, poniendo en cuestión la capacidad de las iniciativas político-programáticas de los ministerios de Salud nacional y provinciales para definir el rumbo de la política sanitaria local. En este marco, las intervenciones que emanan desde el nivel central, estén atadas a mecanismos de financiamiento o propiamente a programas verticales, se articulan de manera subordinada a las políticas sanitarias locales con dificultades para dejar una impronta en el plano de los modelos de atención, gestión y financiamiento.

IV. La formulación de una agenda sanitaria para la región.

Atentos a la complejidad y la fragmentación de la trama institucional que caracteriza al sector salud con posterioridad a su descentralización, y por la cual —al menos— una cuarta parte de la población del país debe trasladarse largas distancias para atender su salud, buscamos a lo largo del trabajo aportar algunas claves que nos permitan echar luz para identificar las cuestiones que pueden formar parte de una agenda para la región.

Los años de la crisis inauguran un escenario en el que las demandas de la población sobre el subsector público de salud cobran gran magnitud. Asimismo, las heterogeneidades socio-territoriales en el conurbano bonaerense se profundizan en estos años y, en el campo de la gestión de las políticas de salud locales, dejan al descubierto la existencia de sistemas de salud locales muy disímiles en términos institucionales, en sus condiciones de equipamiento e infraestructura y de modelos de prestaciones ofrecidos.

Paralelamente, los límites jurisdiccionales de cada uno de estos sistemas locales son desafiados por la movilidad que expresa el patrón de uso de los servicios por parte de la población, poniendo en evidencia la necesidad de dar respuestas a través de dispositivos que operen bajo dinámicas y lógicas de trabajo en red.

Las barreras y vías de acceso, los corredores urbanos —ferrocarril, autopistas y el transporte público automotor—, trazan una matriz territorial que sin duda impacta en los modos en que son utilizados y combinados los distintos establecimientos de salud. No obstante, la oferta de servicios, la calidad de las prestaciones y la singularidad del modelo de atención que se ofrece en cada institución también constituyen motivos que orientan las elecciones de los usuarios.

El desafío que supone organizar una red de prestaciones que articule simultáneamente niveles de complejidad y efectores pertenecientes a distintos municipios o diferentes jurisdicciones depende, para garantizar el acceso y el tránsito de los pacientes en el conjunto del sistema, del marco —entre otros factores— de las reglas de juego y de los incentivos que existan desde instancias superiores a las locales. Esta necesidad de articular y de integrar la gestión de la salud en el territorio, tanto en la arena local como en instancias superiores a ella, implica —a su vez— revertir las brechas existentes en los principales indicadores socio-sanitarios y entre las distintas capacidades instaladas de los municipios en torno a sus sistemas sanitarios.

Asimismo, en las últimas décadas asistimos a un proceso de desarrollo progresivo de los sistemas de salud en el nivel local en el cual, sin lugar a dudas, para su definición están presentes las reglas de juego de la distribución secundaria de la coparticipación de recursos. Estos mecanismos dieron como resultado un esquema de distribución de tales recursos muy desigual que se ha ido profundizando con posterioridad a la salida de la crisis de 2001-2002 y que no muestra tener capacidad para contrarrestar la fragmentación del subsector público experimentada en la región, ni los efectos de las brechas existentes en relación a las condiciones diferenciales de la demanda (expresadas tanto en los indicadores socio sanitarios como en las diferentes coberturas de otros subsectores). Tampoco permite garantizar el traslado de los pacientes según las necesidades de complejidad que estos planteen, independientemente de sus domicilios de residencia.

Si bien los recursos de coparticipación podrían operar en todos los casos como un estímulo para el desarrollo de estrategias de financiamiento vinculadas a la expansión de efectores y camas del segundo nivel de atención, eso sólo ocurre de hecho cuando esas reglas encuentran actores que desarrollan estrategias activas para aprovecharlas, como es el caso de Malvinas Argentinas. Del análisis desarrollado en estas páginas se concluye que los municipios han llevado adelante múltiples y variadas estrategias para dar respuestas a las demandas locales, relativamente independientes de la orientación del modelo de prestaciones y de la importancia que tiene el componente presupuestario en esa definición, expresando importantes niveles de autonomía para definir el rumbo de la política sanitaria local. En este contexto las intervenciones de los niveles centrales, estén éstas vinculadas a mecanismos de financiamiento o a programas, se articulan en la política sanitaria local con importantes dificultades para definir el sentido de la orientación político-programática de la gestión del subsector público en la región.

Bibliografía

Ariovich, Ana, Magdalena Chiara, Mercedes Di Virgilio (2008), "De 'condiciones' y 'estrategias': reflexiones en torno a la coparticipación provincial por salud y la política local en los municipios del Gran Buenos Aires (2000/2005)" Ponencia presentada al *Congreso URBI et ORBI 4. Ciencias, tecnologías y culturas. Diálogo entre las disciplinas del conocimiento. Mirando al futuro de América Latina y el Caribe*, 30 de octubre y 2 de noviembre de 2008, Universidad de Santiago de Chile, Chile.

Barbieri, Nelly (2007). "Política fiscal y política sanitaria: tensiones evidentes a partir de los criterios de reparto de la masa coparticipable y los métodos de determinación de transferencia", en *Salud colectiva*, Buenos Aires, 3 (1): 49-61, enero-abril, Argentina.

Cabrero Mendoza, Enrique (2006), "De la descentralización como aspiración, a la descentralización como problema. El reto de la coordinación intergubernamental de las políticas sociales". Documento presentado en el *Seminario sobre Coordinación y Políticas Sociales*. INDES-BID, mayo, Washington.

Calello, Tomás (2000), "Breve caracterización histórica de la Región Metropolitana de Buenos Aires". Instituto del Conurbano, Universidad Nacional de General Sarmiento, Los Polvorines. Mimeo.

Cetrángolo, Oscar y Juan Pablo Jiménez (2004), *Las relaciones entre niveles de gobierno en Argentina. Raíces históricas, instituciones y conflictos persistentes*. Serie Gestión Pública N° 47. CEPAL, Chile

Chiara, Magdalena (2000), "Los municipios del conurbano bonaerense y las políticas de salud. Una reconstrucción histórica", en Chiara, Magdalena, Mercedes Di Virgilio, María Cristina Cravino y Andrea Catenazzi, *La gestión del subsector público de salud en el nivel local. Estudios de caso en el conurbano bonaerense*, UNGS, Los Polvorines.

Chiara, Magdalena, Mercedes Di Virgilio y Marina Miraglia (2008), "Tensiones y dilemas en torno a la Gestión Local en Salud en el Gran Buenos Aires", en Chiara, Magdalena, Mercedes Di Virgilio, Arnaldo Medina y Marina Miraglia, *Gestión Local en Salud: conceptos y experiencias*, UNGS, Los Polvorines.

Chiara, Magdalena y Carlos Jiménez (2007), "Relaciones intergubernamentales y política de salud en el nivel local. El caso del subsector público en el Gran Buenos Aires". Ponencia presentada al XII Congreso Internacional del CLAD sobre la Reforma del Estado y de la Administración Pública, Santo Domingo, 30 de octubre al 1 de noviembre.

Danani, Claudia, Judith Filc y Magdalena Chiara (1997), *El papel del Fondo de Reparación Histórica del conurbano bonaerense en la reproducción de los sectores populares de la Región Metropolitana de Buenos Aires: una aproximación macro institucional.* Colección Investigación, UNGS, Los Polvorines.

Di Virgilio, Mercedes (2000): "La gestión de las políticas para el sector salud en el ámbito local en el contexto de la reforma del Estado. El caso del ex municipio de General Sarmiento", en Chiara, Magdalena, Mercedes Di Virgilio, María Cristina Cravino y Andrea Catenazzi, *La gestión del subsector público de salud en el nivel local. Estudios de caso en el conurbano bonaerense,* UNGS, Los Polvorines.

Garriga, Mariano y Pedro Sanguinetti (1995), "Coparticipación a Municipalidades de la Provincia de Buenos Aires", en *Cuadernos de Economía* N° 10, Ministerio de Economía de la Provincia de Buenos Aires, La Plata.

Iarussi, María Herminia (2008), "La coparticipación en la provincia de Buenos Aires y el sector salud". En: Chiara, Magdalena, Mercedes Di Virgilio, Arnaldo Medina y Marina Miraglia, *Gestión Local en Salud: conceptos y experiencias,* UNGS, Los Polvorines.

Jordana, Jacint (2001), *Relaciones intergubernamentales y descentralización en América Latina: una perspectiva institucional.* Serie Documentos de Trabajo I-22UE. INDES/ BID, Washington. Primera y segunda parte: www.indes.iadb.org

Ministerio de Economía de la Provincia de Buenos Aires (2002), "Estado de situación y propuesta de reforma del sistema médico asistencial público de la Provincia de Buenos Aires", en *Cuadernos de Economía* N° 63, La Plata.

Programa Naciones Unidas para el Desarrollo (2004), *La construcción del federalismo argentino: perspectivas comparadas.* PNUD, Buenos Aires.

Repetto, Fabián (2005), "La dimensión política de la coordinación de programas y políticas sociales: una aproximación teórica y algunas referencias prácticas en América Latina", en Repetto, Fabián (Ed.), *La gerencia social ante los nuevos retos del desarrollo social en América Latina.* INDES-Guatemala, Guatemala.

Torres, Horacio (1999), *Diagnóstico socioterritorial de la Ciudad de Buenos Aires. Buenos Aires y su contexto metropolitano.* Publicaciones del PUA N° 1, Consejo del Plan Urbano Ambiental, Secretaría de Planeamiento Urbano, Gobierno de la Ciudad Autónoma de Buenos Aires, Buenos Aires.

Torres, Horacio (2001); "Cambios socioterritoriales en Buenos Aires durante la década de 1990", en *EURE, Revista de Estudios Urbanos y Regionales,* Vol. 2, N° 8, Santiago de Chile.

CAPÍTULO 3

El sistema de salud argentino y metropolitano: desafíos y agenda futura[1]

Daniel Maceira (CEDES)

Introducción

El análisis sobre la organización y el financiamiento del sistema de salud bonaerense, y en particular el de la Región Metropolitana de Buenos Aires, permite identificar en escala los desafíos de política sanitaria de la Argentina en tanto en ellos se agudizan los requerimientos de coordinación entre autoridades sanitarias municipales, provinciales y nacionales ante una demanda compleja de atención, y una diversidad de perfiles socioeconómicos y epidemiológicos a los cuales brindar cobertura.

Por su construcción el sistema de salud en nuestro país es extremadamente segmentado, por lo que una estrategia de reforma sectorial requiere acordar acciones con actores de gran autonomía, donde cada provincia decide sus prioridades y gestiona sus propios

---

[1] Este trabajo fue preparado para el Foro Metropolitano sobre Políticas Sanitarias organizado por la Universidad Nacional de General Sarmiento, y resume los resultados alcanzados en una serie de trabajos elaborados con anterioridad.

recursos en salud. Estos recursos provinciales, sumados a los originados en los municipios, componen aproximadamente 83 % de los fondos públicos del sector.

A ello se suma un sistema de seguridad social muy atomizado, con más de trescientos fondos ("obras sociales") de financiamiento y administración de la atención de la salud, en gran medida basado en la prestación de servicios delegados en el sector privado. La estructura de financiamiento de este sistema de aseguramiento se apoya, desde hace más de cincuenta años, en la capacidad de los mecanismos de empleo formal para brindar protección a los trabajadores y sus familias.

Este esquema organizativo se vio particularmente expuesto a la mayor flexibilidad del mercado laboral durante los años noventa del siglo pasado, y la consecuente reducción en la cobertura de estos mecanismos de aseguramiento sobre la población trabajadora del país. Dentro de este marco, la volatilidad macroeconómica de los últimos veinte años y la devaluación de 2001-2002 condujeron a la profundización de los problemas ya existentes, los cuales se manifestaron en una caída de cobertura formal, luego recuperada hasta cierto punto, y una profunda atomización del sistema en su conjunto.

Como resultante, la Argentina cuenta con instituciones de aseguramiento social propias de cada jurisdicción (obras sociales provinciales: instituciones de seguridad social para los empleados públicos provinciales y sus familias) y transversales entre provincias (obras sociales nacionales: instituciones de seguridad social financiadas por aportes patronales y salariales por tipo de actividad económica). Favorecer ejes comunes en las acciones de todos estos sectores implica una intensa tarea de coordinación con el fin de evitar efectos negativos sobre la eficiencia asignativa y la equidad del sector.

En este contexto, el Ministerio de Salud de la Nación actúa básicamente sobre tres pilares: utilizar los instrumentos reguladores e institucionales para generar diálogos y consensos entre jurisdicciones y subsistemas —entre los que sobresale el Consejo Federal de Salud (COFESA)—, apoyar las gestiones locales mediante recursos monetarios y transferencia de insumos, y operar sobre problemas puntuales. Este sistema descentralizado "a la argentina" establece barreras institucionales para una dirección sanitaria común, en la que una política comprehensiva en el sector requiere del acuerdo entre la instancia nacional y los 24 equipos de gestión de las provincias y la Ciudad de Buenos Aires.

El propósito de este trabajo es el de presentar un diagnóstico del sistema de salud argentino desde una mirada de financiamiento y equidad, ahondando en la realidad comparada de la Provincia de Buenos Aires y del conurbano. Para ello se propone una descripción de las brechas en los recursos económicos y físicos disponibles en cada provincia, y particularmente entre jurisdicciones de la Provincia de Buenos Aires, para luego avanzar en un debate sobre políticas sectoriales locales y globales.

I. Argentina. Organización y financiamiento de su sistema de salud

La Argentina, dentro de la región latinoamericana, se encuentra ubicada entre las naciones de mayor ingreso, de acuerdo con el World Development Report del Banco Mundial. En 2005 contaba con 13.920 dólares per cápita (corregido por paridad de poder adquisitivo, PPA), lo cual posiciona al país en el primer lugar entre los de la región en términos de esa variable.

Asimismo, y a pesar del significativo crecimiento económico de los últimos años (el mayor dentro de la región), los indicadores de mortalidad al quinto año, por ejemplo, no se destacan como los más avanzados. Ello es independiente del nivel de gasto, el cual ubica a la Argentina entre las naciones con mayor inversión social (pública y privada) en salud del año 2004. Sin embargo, las grandes diferencias en ingreso y perfil epidemiológico entre países latinoamericanos impiden analizar la magnitud y eficacia de la inversión sanitaria argentina. Para ello se propone ubicar al país en el contexto de naciones de ingreso similar, comparando posteriormente su gasto en salud y los resultados alcanzados.

El cuadro 3.1 ubica en un extremo a Costa Rica, con 9.680 dólares (PPA) per cápita; y a la República Checa en el extremo opuesto, con 20.140 dólares. Se verifica que los indicadores de mortalidad al quinto año no tienen una correlación perfecta con los ingresos, así como tampoco con los niveles de inversión o gasto en salud en este grupo. Argentina es un claro ejemplo de esta situación: se encuentra en el punto medio de este grupo en términos de ingreso, con recursos invertidos en su sistema de salud que la ubican entre las cinco naciones con mayores desembolsos para el año 2004, e indicadores de mortalidad al quinto año que no acompañan tales desembolsos. Un gasto en salud per cápita similar al argentino se encuentra en Hungría, nación de mayores ingresos y una mortalidad al quinto año cincuenta por ciento menor. Desde otra perspectiva, una mortalidad al quinto año similar al promedio nacional se encuentra en Uruguay, con un gasto sectorial 40 % menor.

Estos valores sugieren fuertes limitaciones en la estructura organizativa de los servicios de salud en el país y en los criterios sectoriales de establecimiento de prioridades, lo cual va más allá de su capacidad de gasto, y se vincula con los mecanismos de financiamiento, aseguramiento y gestión de esos recursos.

Cuadro 3.1: Naciones de ingreso medio: gasto en Salud y resultados

País	PBN per cápita PPP 2005	Crecimiento % per cápita del PBI 2004-2005	Mortalidad general en menores de 5 años 2004	Gasto total en Salud per cápita 2004
Rep. Checa	20.140	6,2	4	1.412,4
Portugal	19.730	-0,2	5	1.896,9
Hungría	16.940	4,3	8	1.307,9
Eslovaquia	15.760	5,9	9	1.060,6
Arabia Saudita	14.740	3,9	27	601,1
Oman	14.680 -		13	418,9
Lituania	14.220	8,0	8	843,1
Argentina	13.920	8,2	18	1.274,3
Polonia	13.490	3,3	8	814,1
Letonia	13.480	10,8	12	851,6
Croacia	12.750	4,2	7	916,8
Sudáfrica	12.120	5,6	67	748,0
Chile	11.470	5,2	8	720,3
Rusia	10.640	6,9	21	582,7
Malasia	10.320	3,4	12	402,3
México	10.300	1,9	28	655,4
Uruguay	9.810	5,8	17	783,7
Costa Rica	9.680	2,3	13	592,0

Fuente: World Development Report (Banco Mundial) 2006

El argumento propuesto en este ensayo es que la falta de eficiencia en la asignación de recursos en salud se manifiesta en marcadas brechas de equidad en la oportunidad, la calidad e incluso el acceso físico a los servicios. Sin embargo, tales brechas en el nivel de atención no sólo corresponden a problemas en la definición de un modelo de atención socialmente eficaz, sino que son el producto de fallas en la corriente vertical de financiamiento, aseguramiento y gestión de recursos en salud (Maceira, 2010a).

En la siguiente figura (Esquema 3.1) se presenta la estructura vertical del sistema sanitario argentino. La primera línea de celdas presenta las fuentes de financiamiento del sector (impuestos directos e indirectos, retenciones salariales y aportes patronales, etc.), en tanto que la segunda línea refleja los mecanismos formales o informales de aseguramiento a partir de la recolección de fondos de cada mecanismo de cobertura (Maceira, 2010b). Dentro de este segundo bloque se encuentran los ministerios de salud y las direcciones de obras sociales provinciales y el PAMI que, cada uno para su población objetivo, establecen las estrategias de financiamiento que permiten la garantía del derecho a la salud de la población a su cargo. Todos estos casos constituyen fondos solidarios de financiamiento, en tanto la contribución a los mismos se ajusta a las capacidades de pago de cada individuo (ya sea mediante impuestos o por porcentajes de retención sobre sueldos de diferente monto), y cuya utilización se establece a partir de la necesidad.

Dentro de este grupo también se encuentra el diseño de la estrategia de financiamiento de las obras sociales nacionales (sindicales y de personal de dirección), que descansan en un Fondo Solidario de Distribución (FSD), y la Administración de Programas Especiales (APE). A diferencia de otras instituciones de seguridad social en el país, el sistema de obras sociales nacionales (OSN) cuenta con un mecanismo solidario de aseguramiento al interior de la institución (los afiliados aportan de acuerdo a su ingreso y tienen derecho a un mismo programa de servicios, el Programa Médico Obligatorio, PMO), sino que existen mecanismos solidarios entre ellas.

A partir de la retención de un porcentaje fijo se alimenta un FSR que subsidia el precio del PMO a todas las obras sociales cuyos aportes no lo permitan, siendo su valor periódicamente actualizado por la Superintendencia de Servicios de Salud, el organismo de control de las OSN. Del mismo modo se constituye un fondo de enfermedades de alto costo y baja incidencia, el APE con alcance a todas las instituciones del subsistema.

La tercera y cuarta líneas muestran, respectivamente, las instituciones que participan de la gestión y los actores que actúan en la esfera de la prestación de servicios. En esta última se encuentran los hospitales públicos y privados, los centros de atención primaria y la atención ambulatoria de médicos y otros profesionales y trabajadores de la salud.

El subsistema público cuenta con dos particularidades: I) la institución que organiza el mecanismo de cobertura es la misma que gestiona los recursos (Ministerios de Salud), y II) se encuentra integrado verticalmente, ya que los prestadores (hospitales y profesionales de la salud) son parte integrante de la estructura pública. Estos dos elementos no necesariamente se reproducen en los otros subsistemas de seguro social. El PAMI, por ejemplo, cuenta con una estructura centralizada de aseguramiento que confiere funciones de gestión a sus delegaciones provinciales y su cobertura se terceriza en prestadores privados. Paralelamente, las Obras Sociales Provinciales (OSP), y las OSN, con excepción de la OSEP de Mendoza y CONSTRUIR SALUD, obra social del personal de la construcción (UOCRA), entre otras, no cuentan con instalaciones propias, sellando contratos con instituciones intermediarias o con Asociaciones de Clínicas y Sanatorios de cada jurisdicción, las cuales gestionan contratos con clínicas privadas.

En tanto la utilización del sistema de salud no ocurre de modo recurrente, sino que se encuentra normalmente asociada a una probabilidad que difiere entre individuos en función de la edad, el sexo, la aversión al riesgo, cronicidad, etc. La autoridad sanitaria debe planificar su estrategia de financiamiento en función de un esquema de aseguramiento, que procure la transferencia de recursos entre contribuyentes al sistema y brinde cobertura de acuerdo a la necesidad de consulta.

Un esquema de aseguramiento es eficiente en la medida que permite distribuir los riesgos sanitarios del sistema maximizando la cobertura y a un mínimo costo administrativo. Si a ello se agrega un componente solidario se avanza hacia un modelo de aseguramiento universal. En la medida que existen fallas en los esquemas de aseguramiento, la gestión de recursos encuentra limitaciones y la cobertura no logra brindar servicios equitativos en las proporciones que la sociedad los requiere.

En la mayoría de los países de América Latina, así como en gran parte de las naciones en desarrollo, se identifican mecanismos de aseguramiento mixtos, donde diferentes grupos poblacionales aportan a fondos alternativos para la cobertura de servicios de salud (Infante et al., 2000; Daniels et al., 2005). En algunos casos estos mecanismos de aseguramiento tienen naturaleza social, en la medida en que los aportes de grupos de ingresos diferentes financian paquetes homogéneos de servicios al interior del fondo de aseguramiento.

En este contexto la Argentina encuentra un sistema de salud segmentado, lo que implica la inexistencia de un fondo único o coordinado que permita asegurar y ofrecer una cobertura común a toda la población. Así, la amplitud de los servicios ofrecidos se encuentra relacionada con la capacidad de pago de los aportantes y sus familias, ya sea voluntaria o compulsiva. Un esquema de aseguramiento social diseñado para toda la población permitiría reducir los desembolsos individuales, otorgando el derecho a toda persona de acceder a servicios relativamente homogéneos (Hsiao, 2007, entre otros).

Esquema 3.1 Argentina: financiamiento, aseguramiento, gestión y prestación

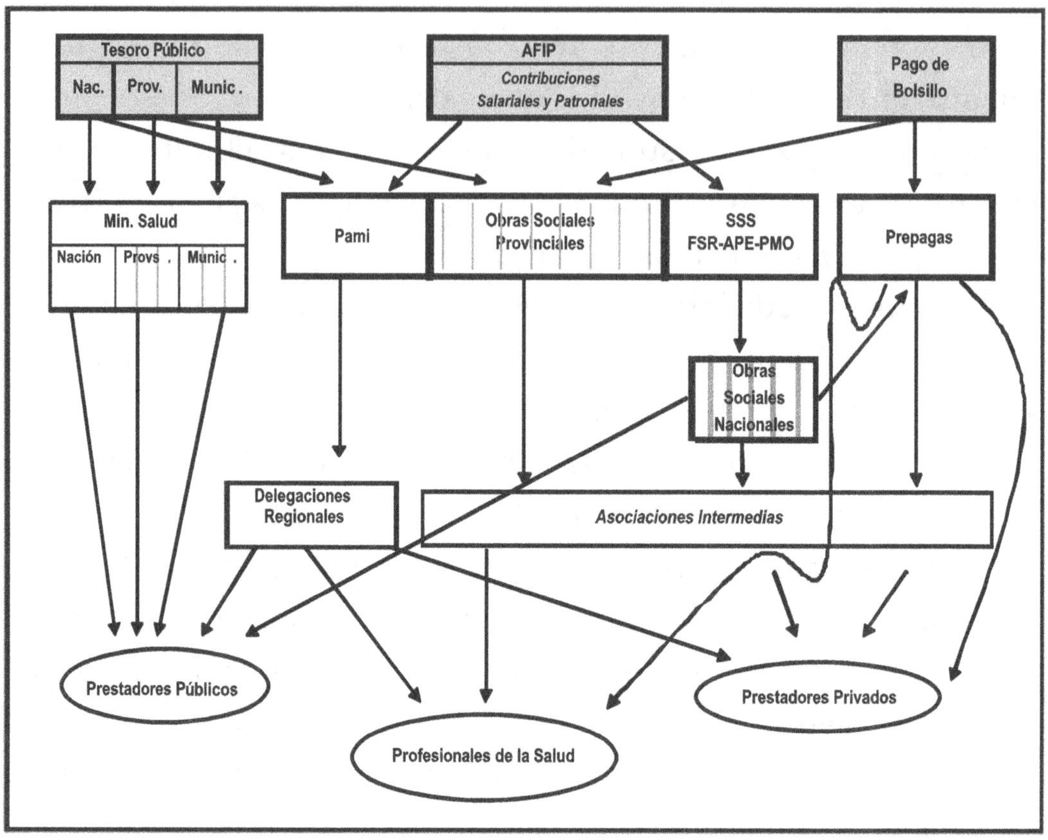

Fuente: Elaboración propia

La descentralización del sistema público argentino, a diferencia de otras naciones federales, permite que cada provincia defina sus objetivos sanitarios independientemente y que utilice sus fondos de modo relativamente autónomo. A ello se suma que algunas provincias como Buenos Aires (con 134 municipios), Córdoba (con más de cuatrocientas jurisdicciones subprovinciales) y Santa Fe (con autonomía de financiamiento en un grupo de municipalidades, especialmente la ciudad de Rosario), cuentan con modelos municipalizados de salud.

Ello lleva a la presencia de más de seiscientos fondos con capacidad autónoma de establecer estrategias sanitarias, las que sumadas a las instituciones de seguridad social, alcanzan los novecientos fondos de aseguramiento, con capacidades financieras, perfiles epidemiológicos y capacidades de gestión de recursos extremadamente diferentes. De este modo, el modelo de salud argentino potencia los riesgos de desfinanciamiento de algunos fondos sanitarios, limitando las posibilidades de establecer prioridades sanitarias, creando brechas de acceso aun a alto costo de gerenciamiento, constituyéndose en el ejemplo extremo de fragmentación en salud.

Como resultante, el Cuadro 3.2 muestra la distribución del financiamiento del sistema de salud argentino. Del total de fondos sectoriales, 36 % se encuentra financiado directamente por el bolsillo de las familias, y se destina al pago de consultas, abonos, insumos y seguros prepagos. Del restante, 27 % surgen de las arcas de los ministerios de salud y 38 % de los seguros sociales (OSN, OSP y PAMI).

Cuadro 3.2 Gasto en salud por agente de financiamiento (porcentajes del total), 2006

Agente	Millones de pesos corrientes	%	%	%	Participación en PBI
Gasto Público y Seguridad Social en Salud	29.995	64%			4,59
Atención Pública de la Salud	12.462		27%		1,91
Nacional (1)	2.015			16%	0,31
Provincial	8.814			71%	1,35
Municipal	1.633			13%	0,25
Seguridad Social	17.533		38%		2,68
OSN	9.147			52%	1,4
OSP	4.589			26%	0,4
INNSSJP	3.797			22%	0,58
Gasto Privado en Salid de los Hogares (2)	16.741	36%			2,56
Gasto Total en Salud	46.736	100%			7,15

Fuente: Ministerio de Salud: Primer Boletín de la Dirección de Economía de la Salud. Secretaría de determinates de la Salud y Relaciones Sanitarias. Boletín Semestral. Volúmen 1, 2009.

(1) Sólo se incluye las transferencias de la Administración Nacional a los Fondos Fiduciarios (que forman parte de su financiamiento) y no el total de la ejecución de gastos de los mismos, debido a que no se cuenta con el detalle de los montos de asignación.

(2) Sólo incluye gasto en salud de los hogares, sin considerar los que realizan otros agentes privados.

(*) Cifras estimadas.

Dos elementos particularmente importantes se revelan en esta matriz. En primer lugar, del total de fondos públicos en salud, sólo el 16 % es erogado por el Ministerio de la Nación, lo que equivale a menos de cinco pesos por cada cien invertidos en el sector. En segundo lugar, el PAMI (Instituto de servicios Sociales para Jubilados y Pensionados) constituye el 22 % del total de mecanismos de aseguramiento social, lo que lo convierte en la institución de seguro social más importante del país, con capacidad de fijar precios, identificar incentivos y estructurar reglas homogéneas entre prestadores públicos y privados.

De acuerdo con la última encuesta realizada en el año 2005, se observa que la cobertura social representa alrededor de 56 % de la población (obra social sindical, provincial o PAMI), en tanto que 10 % de los individuos cuenta con una cobertura del sistema privado o doble cobertura (Cuadro 3.3). Asimismo, algo más de 34 % no cuenta con seguros formales y, por lo tanto, su cobertura se realiza a través del sistema público (centros de atención primaria de la salud –CAPS– y hospitales).

Sin embargo, los porcentajes de incidencia mencionados varían significativamente entre quintiles de ingreso. Por ejemplo, 35 % de la población del primer quintil posee cobertura de la seguridad social, comparada con 68 % y 64 % para los dos quintiles más ricos. Paralelamente, el sistema privado cubre aproximadamente a 4 % de la población más pobre del país, mientras que 23 % del sector más rico posee un seguro privado de salud. En el extremo opuesto, el sistema público otorga cobertura a casi 61 % de la población más desprotegida, valor que se reduce hasta llegar a 12 % en los grupos más ricos.

Cuadro 3.3 Cobertura por quintil de ingreso, 2005

Cobertura de Salud	Quintiles de ingreso per cápita familiar (en %)					Total
	I	II	III	IV	V	
Obra social	34,56	48,98	60,41	67,8	64,49	55,98
Sistema privado	3,53	4,73	6,87	10,52	23,16	10,13
Cobertura pública	61,44	45,76	32,22	21,56	12,11	33,53
NS/NC	0,47	0,53	0,49	0,12	0,25	0,36
Total	100,00	100,00	100,00	100,00	100,00	100,00

Fuente: Elaboración propia sobre la base de datos del Ministerio de Salud de la Nación, ECH, 2005.

Complementariamente, las variaciones en los mecanismos de cobertura formal de los subsistemas de salud tienen su correlato en el comportamiento del gasto de bolsillo de las familias. En términos monetarios, existe una relación positiva entre nivel de ingreso y gasto en salud, lo cual refleja una mayor capacidad de realizar desembolsos de los grupos poblacionales con mayor ingreso (Gráfico 3.1). Desde una perspectiva de equidad en el financiamiento de salud se verifica, en el año 2005, una relación negativa entre el ingreso de las familias y el porcentaje de tales ingresos destinados al pago de bolsillo de servicios de salud. Para el período mencionado, el primer quintil consume 11 % de su ingreso en gastos en el sistema sanitario, reduciéndose tal porcentaje a menos de la mitad en los hogares de mayores ingresos.

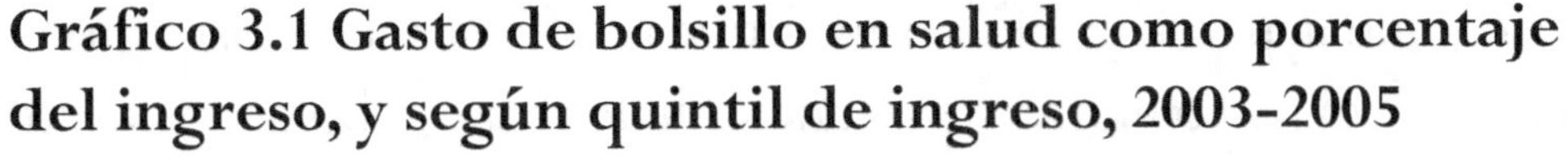

Gráfico 3.1 Gasto de bolsillo en salud como porcentaje del ingreso, y según quintil de ingreso, 2003-2005

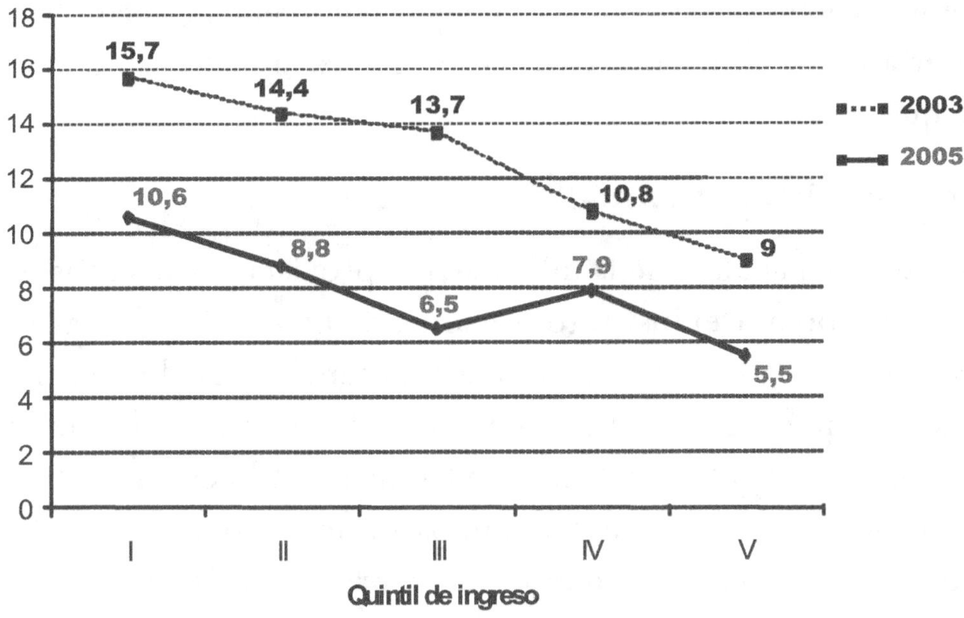

Fuente: Elaboración Propia en base a EUGSH2003 y ECH2005

De este modo la falta de un fondo universal o coordinado, como consecuencia de la descentralización (a nivel geográfico) y de la segmentación (entre grupos sociales), acota la posibilidad de brindar una cobertura homogénea asociada con equidad horizontal en la asignación de recursos de salud. La presencia de un fondo único permitiría que las familias, más allá de su capacidad de pago, se encuentren en condiciones de atender a sus necesidades, sean ellas asociadas con requerimientos de consultas, internación, análisis y estudios complementarios o medicamentos.

Asimismo, la atención curativa predomina en los quintiles más pobres, lo que refuerza la idea que asocia nivel de ingreso con capacidad de acceso al sistema de salud, y escasa posibilidad de prevención de los hogares sin cobertura formal, lo que los lleva a actuar recién sobre la enfermedad. A pesar de ello, los resultados sugieren que la participación preventiva relativa entre subsectores es similar, y el gasto en medicamentos de los más pobres se redujo en comparación con 2003, a pesar de que el porcentaje de familias que declaró consumo de fármacos no difiere significativamente entre quintiles.

II. Perspectiva provincial

A través del análisis de la información provista por los censos llevados a cabo por el Instituto Nacional de Estadística y Censos (INDEC) en 1991 y 2001, se puede obtener la evolución de los mecanismos de cobertura formal en los sistemas de salud en el país, mostrando que la misma ha disminuido en casi todas las provincias argentinas entre ambos períodos (Cuadro 3.4). La única excepción se encuentra en la provincia de Tierra del Fuego, donde se produce un incremento menor en la cobertura (1,5 %). En el resto de las jurisdicciones se observa una caída, teniendo su máximo cercano a 28 % en la Provincia del Chaco, y quedando en el último lugar la Ciudad de Buenos Aires y la Provincia de Santa Cruz, con aproximadamente 8 % de caída de cobertura formal.

Cuadro 3.4 Evolución de la cobertura formal en la Argentina, 1991-2001

Provincia	Porcentaje de Población con cobertura		
	1991	2001	Variación %
Chaco	47,84	34,49	-27,91
Corrientes	51,58	37,89	-26,54
Salta	51,31	39,58	-22,86
San Luis	62,39	48,38	-22,46
San Juan	59,14	47,03	-20,48
Formosa	42,74	34,19	-20,00
Tucumán	64,66	51,78	-19,92
Buenos Aires	63,28	51,21	-19,07
Santiago del Estero	44,64	36,34	-18,59
Santa Fe	70,97	58,03	-18,23
Río Negro	61,17	50,05	-18,18
Jujuy	55,99	45,84	-18,13
Entre Ríos	61,48	51,34	-16,49
Misiones	50,18	42,17	-15,96
La Pampa	64,79	54,52	-15,85
Mendoza	57,83	49,42	-14,54
Neuquén	59,74	51,26	-14,19
Catamarca	63,21	54,95	-13,07
Córdoba	62,22	54,24	-12,83
La Rioja	66,01	59,17	-10,36
Chubut	67,39	60,45	-10,3
Cdad. de Buenos Aires	80,31	73,82	-8,08
Santa Cruz	76,95	70,77	-8,03
Tierra del Fuego	69,20	69,93	1,05

Fuente: Elaboración propia con datos del INDEC, la Organización Mundial de la Salud (OMS) y el World Development Report 2006 (Banco Mundial).

Tanto la Provincia del Chaco como las jurisdicciones que la siguen inmediatamente presentan los perfiles epidemiológicos más retrasados y, por lo tanto, necesidades de financiamiento más amplio, mostrando que la evolución de los mecanismos de cobertura formal derrama riesgo sanitario y compromiso financiero sobre el presupuesto público de cada provincia.

Sin embargo, el gasto público en salud por provincia resulta extremadamente heterogéneo. Analizando los desembolsos públicos provinciales per cápita para los períodos 1993 y 2005, y la variación porcentual entre ambos (Cuadro 3.5), se verifica que las erogaciones distan de ser uniformes, mostrando una brecha de 6 a 1 entre Santa Cruz y Misiones, y no se vinculan con las necesidades relativas de su población a cargo.

Es relevante destacar en este caso que tanto la Provincia de Buenos Aires como las de Córdoba y Santa Fe cuentan con procesos de descentralización municipal, por lo que su gasto per cápita se encuentra relativamente subestimado en el cuadro visto, siendo abordado en la siguiente sección 4: Región Metropolitana y Provincia de Buenos Aires.

Cuadro 3.5 Evolución del gasto provincial en Salud por jurisdicción, 1993-2005

Año	1993		2005		Variación 93-05
Jurisdicción	Gasto provincial en salud per cápita	% salud sobre el total del gasto provincial	Gasto provincial en salud per cápita	% salud sobre el total del gasto provincial	Gasto provincial en salud per cápita
Santa Cruz	707,12	15,07%	1106,11	13,96%	56,42%
Tierra del Fuego	857,55	14,64%	1063,12	14,47%	23,97%
Neuquén	647,44	17,46%	928,17	17,66%	43,36%
Chubut	401,71	15,47%	612,12	13,74%	52,38%
Cdad. de Buenos Aires	539,33	28,96%	536,79	26,58%	-0,47%
La Pampa	482,02	16,38%	488,92	14,67%	1,43%
Río Negro	404,82	12,79%	472,34	18,95%	16,68%
La Rioja	327,37	9,12%	433,59	13,82%	32,45%
Catamarca	359,08	12,69%	413,63	15,33%	15,19%
San Luis	320,47	14,14%	364,44	13,82%	13,72%
Formosa	270,09	10,17%	320,09	10,89%	18,51%
Santiago del Estero	252,07	14,97%	314,29	17,78%	24,68%
Salta	266,67	16,54%	305,21	19,40%	14,45%
Entre Ríos	244,47	13,70%	303,18	14,17%	24,01%
Jujuy	289,34	14,14%	301,21	15,75%	4,11%
San Juan	318,57	14,24%	283,95	15,63%	-10,87%
Chaco	229,85	14,29%	276,51	12,70%	20,30%
Tucuman	178,28	14,04%	250,93	17,93%	40,75%
Mendoza	209,45	13,61%	225,58	14,54%	7,70%
Santa Fe	176,86	12,61%	217,55	13,41%	23,01%
Buenos Aires	154,54	16,15%	203,69	14,45%	31,81%
Corrientes	230,63	15,22%	194,11	10,14%	-15,84%
Cordoba	297,76	17,59%	191,10	11,30%	-35,82%
Misiones	203,40	13,43%	182,96	10,32%	-10,05%
Promedio Simple	348,70	14,89%	416,23	15,06%	16,33%

Fuente: Dirección Nacional de Coordinación Fiscal con las Provincias, Ministerio de Economía (2007)

Dentro de este contexto, el Gobierno Nacional genera mecanismos de transferencias a cada provincia en dinero y, particularmente, en especies. Éstas comprenden tanto medicamentos y antiretrovirales, como sangre, vacunas y anticonceptivos, mostrando un patrón relativamente pro equidad.

Ello se verifica en el Cuadro 3.6 que refleja las transferencias totales del Ministerio de Salud de la Nación a los ministerios provinciales del ramo durante el período 2003-2007, y el peso relativo de cada una medido como porcentaje del gasto en salud de cada jurisdicción provincial. En tanto Santa Cruz, la provincia de mayor gasto autónomo per cápita, sólo recibe 1,17 % de su gasto proveniente de la Nación, este porcentaje se eleva diez veces en Misiones, una de las provincias más rezagadas, alcanzando a 12,52 %. La Provincia de Buenos Aires, con transferencias nacionales equivalentes a 5,41 % del gasto provincial, se encuentra marginalmente por debajo del promedio nacional en este rubro: 5,53 %.

Cuadro 3.6 Transferencias nacionales en Salud, por provincia, 2003-2007 (en pesos constantes de 1999)

Total	Transferencias en pesos constantes 2005*			Transferencias sobre el Gasto Provincial Total 2005, en %
	2003	2005	2007	
	317.106.080	371.526.143	463.104.651	5,53%
Buenos Aires	149.041.087	161.351.012	208.383.398	5,41%
Catamarca	5.814.330	7.889.555	8.997.143	5,22%
Cdad. De Buenos Aires	77.884.810	81.806.992	88.901.940	5,05%
Chaco	18.047.370	23.991.702	36.156.711	8,47%
Chubut	5.029.238	6.106.678	11.339.303	2,24%
Córdoba	28.025.155	34.861.125	39.552.799	5,61%
Corrientes	17.127.725	22.561.832	28.660.542	11,85%
Entre Ríos	15.021.928	18.435.938	20.009.126	5,00%
Formosa	9.622.859	13.835.121	17.174.249	8,35%
Jujuy	11.925.649	14.977.463	19.978.154	7,62%
La Pampa	5.514.610	6.311.737	6.747.651	4,01%
La Rioja	5.658.334	6.611.432	7.939.002	4,76%
Mendoza	16.074.153	18.033.834	23.512.714	4,77%
Misiones	15.971.747	23.583.252	29.077.445	12,52%
Neuquén	6.390.931	8.544.292	7.286.509	1,77%
Río Negro	8.002.629	8.788.870	9.510.410	3,17%
Salta	25.614.265	28.722.080	30.708.192	8,10%
San Juan	9.406.642	13.073.536	24.100.205	6,91%
San Luis	5.360.074	7.055.267	9.362.116	4,73%
Santa Cruz	2.160.667	2.768.088	2.344.863	1,17%
Santa Fe	37.658.843	40.309.319	40.154.183	5,83%
Santiago del Estero	15.852.784	19.048.342	30.533.342	7,22%
Tierra del Fuego	1.628.879	1.698.243	10.754.318	1,39%
Tucumán	19.215.073	29.565.416	36.652.249	8,29%

Fuente: Unidad de Investigación Estratégica en Salud -UIES-, en base a información suministrada por los respectivos programas. Dirección de Análisis de Gasto Público y Programas Sociales - Secretaría de Política Económica

* Incluye transferencias correspondientes a los siguientes programas: Programa Nacional de Inmunizaciones (PAI); Programa Federal de Salud (PROFE-Salud); Programa REMEDIAR; Prog. Nacional de Lucha contra el Retrovirus Humano, VIH/Sida y Enfermedades de Transmisión Sexual; Programa Nacional de Control del Cáncer; Coordinación Nacional de Control de Vectores; Programa Nacional de Prevención y Control del Cólera; Prog. de Apoyo Nacional de Acciones Humanitarias para las Poblaciones Indígenas (ANAHÍ); Programa Materno Infantil (PROMIN); Programa Nacional de Recursos Humanos para la Atención Primaria de la Salud (PROMAPS); Programa Nacional de Médicos Comunitarios; Plan Nacer; Plan de Vigilancia de Diversas Patologías; Administración Nacional de Medicamentos, Alimentos y Tecnología Médica (ANMAT); Instituto Nacional Central Único Coordinador de Ablación e Implante (INCUCAI); Programa VIGI+A; Programa de Educación para la Salud(2003); Programa de Salud Sexual y Procreación Responsable (2003); Programa de Prevención y Control de Enfermedades y Riesgos Específicos (2003); y Crédito Español (2004).

III. Región metropolitana y Provincia de Buenos Aires

Al momento de estudiar los niveles de gasto en Salud entre regiones sanitarias de la Provincia de Buenos Aires, la disparidad en la distribución existente entre diferentes provincias argentinas se reproduce con creces. Ello se atribuye a una serie de causas, entre las que se cuentan fundamentalmente los diferentes niveles de compromiso económico que surgen de los procesos de municipalización. A partir de estos el mantenimiento y la operación de hospitales y centros de atención primaria recae no sólo en los fondos transferidos por la Provincia en materia de coparticipación (de la cual aproximadamente un 38 % se asocia a infraestructura o resultados del sistema de salud), sino en la capacidad municipal de generar recursos dinerarios y gestionar el sistema. Nuevamente la falta de coordinación entre jurisdicciones (municipios en este caso) permite la presencia de subsidios cruzados no deseados, y la transferencia de riesgos financieros y sanitarios entre regiones en un marco de necesidades epidemiológicas y capacidades de administración dispares.

El siguiente cuadro 3.7 presenta el gasto total en Salud del año 2003 por Región Sanitaria, y la participación relativa de las diferentes fuentes de financiamiento público existente: nacional, provincial y municipal (Maceira, 2008). De las doce regiones sanitarias bonaerenses cuatro están inscriptas en la Región Metropolitana (V, VI, VIIA y VIIB). [2]

Se evidencia que los recursos provinciales constituyen, a pesar de la descentralización, las transferencias dinerarias más significativas en el sector en ocho de tales regiones. Con un máximo en la Región XI, 82 % del gasto en salud subvencionado por contribuciones pro-

---

[2] La conformación de las Regiones Sanitarias se corresponde con la organización existente al momento del procesamiento de los datos.

vinciales, y un mínimo en la Región IX con una incidencia provincial (32,85 %) que es la mitad de la municipal. Como contrapartida, el aporte municipal alcanza su máximo en las Regiones I, II y IX, con 66,03 %, 64,34 % y 57,26 %, respectivamente.

Dentro de la Región Metropolitana, la Región V refleja cierta paridad contributiva, con un leve liderazgo municipal (48,04 % contra 44,35 % de la provincia), en tanto la Región VII muestra mayor dependencia financiera del ministerio bonaerense (68,14 % del total del gasto en salud). Significativamente, las dos Regiones restantes (VI y XII) son las que reciben contribuciones nacionales más significativas en todo el ámbito provincial (25,86 % y 19,80 %), en tanto el promedio de las restantes diez Regiones Sanitarias es cercano a 4,5 %.

Cuadro 3.7 Gasto total en salud y participación relativa de las tres jurisdicciones

Región	Gasto total en Salud	%Gasto Municipal	%Gasto Provincial	%Gasto Nacional
1	107,54	57,26	40,12	2,62
2	48,23	66,03	30,47	3,51
3	40,29	47,83	48,19	3,98
4	74,06	40,19	55,24	4,57
5	408,64	48,04	44,35	7,61
6	166,67	22,90	51,24	25,86
7A	302,69	35,27	44,94	19,80
7B	450,67	26,02	68,16	5,82
8	167,31	44,03	47,85	8,12
9	64,97	64,34	32,85	2,82
10	50,26	41,88	55,16	2,96
11	273,03	15,05	82,00	2,95

Fuente: elaboración propia en base a datos proporcionados por la Dirección de Información Sistematizada del Ministerio de Salud de la Provincia de Buenos Aires.

Estos valores, sin embargo, son relativos al total de recursos de cada área sanitaria. Mirado en términos absolutos, por una cuestión de densidad poblacional, el área metropolitana recibe aproximadamente 60 % de los fondos provinciales destinados a salud.

Según el cuadro 3.8, estos fondos se destinaron principalmente al mantenimiento de la infraestructura hospitalaria y de laboratorios, alcanzando a 74 % de los gastos. En segundo lugar se ubican los programas especiales por enfermedades consideradas catastróficas, que en conjunto recibían aproximadamente 12 % de los fondos provinciales.

Cuadro 3.8 Transferencias provinciales y sus partidas por Región Sanitaria, 2003

Región Sanitaria (*)	Total Transferencia Provincial al sector Salud	Partidas del Gasto Provincial en Salud					
		Hospitales y Laboratorios	Vacunación	Programas Especiales por enfermedades endémicas	Programas Especiales por enfermedades catastróficas	Otras	Seguro Público de Salud
1	43146864,00	28.831.168,96	0	55.454	6.251.687,58	7.965.023,45	43.530
2	14693674,39	9.963.958,16	0	3.850	1.585.668,09	3.140.198,14	0
3	19416385,62	14.496.817,44	0	22.000	1.749.298,73	3.148.269,45	0
4	40909920,30	29.361.379,34	0	81.400	5.134.612,13	6.282.734,83	49.794
5	181245505,42	121.108.997,97	12.675	492.546	27.136.043,50	31.736.621,15	758.622
6	85397893,41	62.779.054,54	3.360	194.840	11.230.145,95	10.493.432,91	697.060
7A	136017677,22	90.237.168,13	4.389	270.673	23.283.289,19	21.685.569,90	536.588
7B	307173724,96	225.907.433,66	10.770	676.042	32.531.102,68	46.194.037,62	1.854.339
8	80061332,96	58.009.594,04	0	131.463	9.078.895,28	12.732.694,64	108.686
9	21340701,78	15.268.276,84	0	4.246	2.388.573,52	3.662.307,42	17.298
10	27721395,04	21.278.617,25	0	3.128	2.210.011,65	4.214.206,14	15.432
11	223885906,01	190.113.813,14	2.652	143.618	12.556.029,63	20.931.854,24	137.939

Notas: (*) Por falta de datos se excluyó en los cálculos el partido de Arrecifes

Fuente: Elaboración propia en base a datos proporcionados por la Dirección de Información Sistematizada del Ministerio de Salud de la Provincia de Buenos Aires.

De este modo, se presenta en el debate la necesidad de identificar los incentivos que la asignación de fondos de coparticipación tiene sobre la oferta sanitaria pública en la Provincia. La regla definida por la coparticipación provincial asigna una porción significativa de sus recursos a partir de indicadores de infraestructura sanitaria (hospitales y camas), y los resultados en egresos vinculadas con ésta.

Tal mecanismo impone a los municipios lidiar con estructuras que no necesariamente están en condiciones operativas, tanto por la ausencia o inadecuada formación de sus recursos humanos, como por la distribución geográfica de los establecimientos sanitarios. Las brechas en capacidad de gestión municipal, las diferencias en infraestructura entre municipios o partidos y los subsidios cruzados entre estos, definen factores clave al momento de diseñar una política de financiamiento sanitario en la Provincia.

Como dato agregado, se verifica que tanto la infraestructura como los fondos en salud totales no se vinculan con las necesidades de la población usuaria. El Cuadro 3.9 presenta a continuación una serie de indicadores por Región Sanitaria. En la primera columna se identifican tanto los gastos municipales con finalidad en salud, como las transferencias provinciales y nacionales por igual concepto.

El segundo bloque de indicadores refleja indicadores usuales de necesidad, tales como la escala poblacional, el peso porcentual de los habitantes de cada región con necesidades básicas insatisfechas (NBI), la tasa de mortalidad infantil y los egresos hospitalarios por infección respiratoria aguda (IRA) y por infección intestinal, ambas patologías asociadas con la pobreza y escasez de recursos.

El tercer bloque de indicadores se vinculan con la oferta: número de camas, establecimientos con y sin internación y cantidad de profesionales médicos por región. La última fila del cuadro establece la tasa de correlación simple a nivel municipal entre el nivel de gastos y los indicadores de necesidad y de oferta seleccionados. Los indicadores de necesidad correlacionados con los recursos existentes son aquellos que dependen de la estructura de la oferta, en tanto que los establecimientos y el número de médicos se relacionan marcadamente con el nivel de desembolsos.

120

Cuadro 3.9 Necesidades de la población y oferta sanitaria

| Región | Indicadores de financiamiento. En millones de $ (2005) | | | Indicadores de Necesidades | | | | | | Indicadores de Oferta | | | | |
	Gasto Municipal por finalidad Salud (1)	Transferencias en Salud Provinciales (1)	Transferencias en Salud Nacionales (1)	Población (2)	% Población con NBI (2)	Egresos Hospitalarios IRA (1)	Egresos Hospitalarios Infección Intestinal (1)	Tasa de Mortalidad Infantil (*) (1)	Nº de Camas (1)	Establecimientos Públicos CON Internación	Establecimientos Públicos SIN Internación	Establecimientos Públicos Totales (1)	Nº Médicos (1)
1	61,57	43,15	2,82	627.507	9,02	1.136	468	12,27	2.190	47	138	185	1.316
2	31,85	14,69	1,69	248.482	10,93	774	258	12,28	1.537	35	73	108	542
3	19,27	19,42	1,60	243.411	15,52	811	373	15,17	894	20	59	79	535
4	29,76	40,91	3,38	522.532	12,54	1.817	713	14,73	1.499	20	127	147	925
5	196,31	181,25	31,09	2.814.787	12,35	5.567	874	17,36	3.149	34	282	316	4.069
6	38,16	85,40	43,11	1.068.610	10,05	2.439	540	18,40	4.072	16	112	128	1.737
7A	106,75	136,02	59,92	2.231.501	13,40	4.161	607	13,88	2.060	21	114	135	2.438
7B	117,25	307,17	26,25	3.407.415	16,20	5.309	953	17,44	3.782	27	329	356	4.784
8	73,67	80,06	13,58	1.040.139	11,25	1.855	413	15,55	2.113	37	148	185	1.779
9	41,80	21,34	1,83	296.687	8,99	1.147	377	12,95	1.392	24	85	109	459
10	21,05	27,72	1,49	304.485	11,38	806	166	15,15	946	21	85	106	612
11	41,08	223,89	8,07	1.021.647	17,50	2.010	634	18,85	4.273	38	141	179	3.063
Índice de Correlación con Gasto Municipal en Salud	1	0,41	0,59	0,78	0,04	0,8	0,63	0,04	0,32	0,55	0,66	0,69	0,61
Relación máximo/mín	10,19	20,91	40,28	14,00	1,95	7,19	5,74	1,54	4,78	2,94	5,58	4,51	10,42

Notas: (*) Los datos corresponden a la tasa promedio simple de cada región. Fuente: (1) Elaboración propia en base a datos proporcionados por la Dirección de Información Sistematizada del Ministerio de Salud de la Provincia de Buenos Aires. (2) Elaboración propia en base a datos del Censo Nacional de Población 2001.

Los recursos provinciales para el sector salud se relacionan con el sostenimiento de la oferta instalada, principalmente hospitalaria.

Esta brecha entre necesidades municipales y fondos desembolsados refleja las limitaciones de los mecanismos de incentivo derivados del modo de asignar recursos, y tiene su correlato en el modelo de atención y de su capacidad de cobertura de aquellas personas con mayores demandas insatisfechas. Tomando un trabajo realizado previamente (Maceira et al., 2006), se estableció un indicador de brecha de acceso al primer nivel de atención. El mismo se construye como el cociente entre el número de personas sin cobertura formal sobre la cantidad de Centros de Atención Primaria (CAP). El documento mencionado, realizado en base a la Guía de Establecimientos Asistenciales del Ministerio de Salud de la Nación y el último Censo Nacional de Población, permite calcular —por provincia y por municipio— un valor de acceso de la población desprotegida, y cuyos resultados a nivel provincial se observan en el Gráfico 3.2.

Gráfico 3.2 Oferta nacional comparada de atención primaria a la población sin cobertura formal de salud

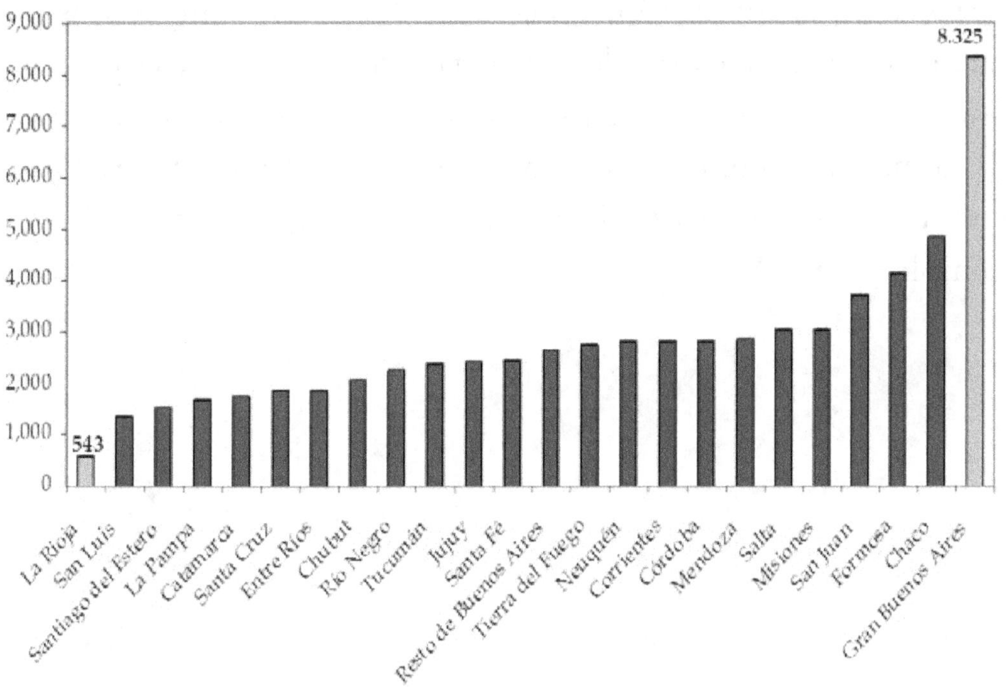

Fuente: Maceira, Cejas, Kremer, Olaviaga 2006

El Gran Buenos Aires es la región del país más desprotegida, con 8.325 personas sin cobertura por centro de atención primaria. Si bien la presencia en este territorio de una mayor densidad poblacional requiere de una corrección de escala que permita diferenciar la estrategia idónea en áreas altamente pobladas de aquellas con grupos poblacionales dispersos, los valores expuestos pone en evidencia la necesidad de abrir el debate sobre una política sanitaria inclusiva, particularmente en la Región Metropolitana.

Estas brechas no son homogéneas al interior del conurbano, como se observa en el Mapa 3.1. La misma clasifica a los 24 partidos en función de su densidad relativa en el contexto nacional en donde, de un agrupamiento de 1 a 4 (donde 1 reporta a los municipios rurales y 4 a los más poblados), el Gran Buenos Aires alberga jurisdicciones pertenecientes a los grupos 3 y 4.

El indicador de "población sin cobertura por CAPs" fue desarrollado por municipio, y sus indicadores son comparados por jurisdicción. El partido de San Fernando encuentra la posición relativa más holgada, con 3433 habitantes sin cobertura por centro de atención, encontrándose en el extremo opuesto La Matanza, con una relación de 17.870 personas con empleo informal o subempleo por CAPs.

Mapa 3.1 Dotación de CAPS por municipio en el conurbano bonaerense

Gran Buenos Aires

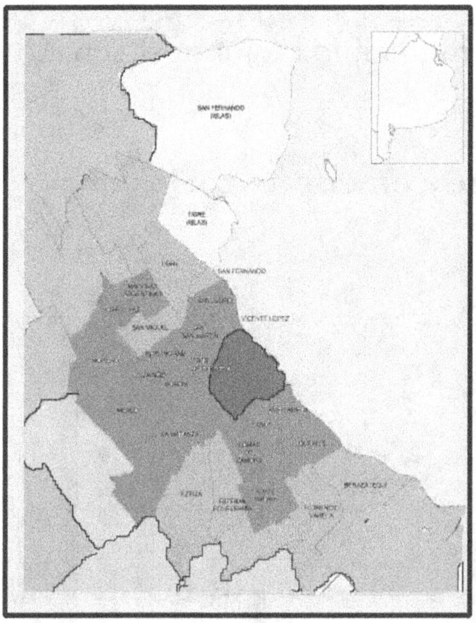

24 municipios del conurbano bonaerense

Municipios	Población sin cobertura formal de salud por CAPS	Cuartiles
SAN FERNANDO	3433	3
BERAZATEGUI	4996	3
EZEIZA	5420	3
EST. ECHEVERRÍA	6104	3
FLORENCIO VARELA	6706	3
MORENO	7327	3
TIGRE	9709	3
VICENTE LÓPEZ	4974	4
LANÚS	5441	4
AVELLANEDA	5568	4
QUILMES	6369	4
JOSÉ C. PAZ	6931	4
LOMAS DE ZAMORA	7404	4
MORÓN	7939	4
SAN ISIDRO	8491	4
HURLINGHAM	9236	4
MERLO	9252	4
MALVINAS ARG.	9986	4
ITUZAINGO	10500	4
SAN MIGUEL	10813	4
SAN MARTÍN	11456	4
ALTE. BROWN	14564	4
TRES DE FEBRERO	14939	4
LA MATANZA	17870	4

Ficha técnica

Población	8.684.437	PBG p/c *	6.100
Densidad	2394,4	Gasto público salud p/c * (1)	60,1
Urbanidad*	95,2%	Médicos C/10.000 hab *	19,44
TMI*	13,0	Cobertura formal	52%
N.B.I	17,6%	AVPP tumores*	102,6
Primario incompleto*	9,11	AVPP infecciosas*	70,1

* Datos para el total de la Provincia de Buenos Aires.

(1) La mayor parte de la gestión y financiamiento de los servicios de salud se encuentra descentralizada a nivel municipal.

Fuente: Maceira, Olaviaga, Kremer, Cejas (2006)

Comparando al interior de cada provincia la diferencia entre municipios, y como se hace explícito en el Gráfico 3.3, la brecha intra-jurisdicción identificada en el Gran Buenos Aires es, sin embargo, de las menos pronunciadas del país, con una relación de 5 a 1 entre partidos del conurbano. En el extremo opuesto, el resto de la provincia presenta la relación más inequitativa del país, correspondiendo a 34,4 veces entre el municipio mejor posicionado y el desempeño del menos beneficiado.

Gráfico 3.3 Conurbano bonaerense en contexto: brechas en la oferta de CAPS

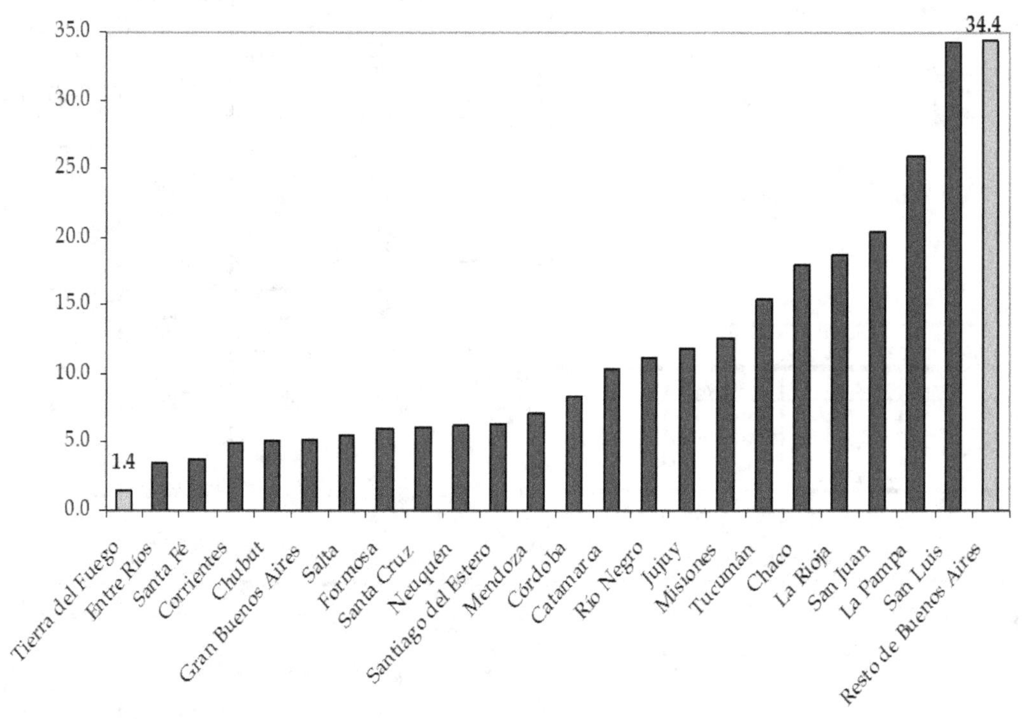

Fuente: Maceira, Cejas, Kremer, Olaviaga

IV. Marco para un debate de políticas

El escenario presentado en las secciones anteriores abre un debate para la definición de prioridades y el diseño de una estrategia de política sanitaria en la Provincia de Buenos Aires en general, y en los partidos del conurbano, en particular. Por un lado, se observa corresponsabilidad entre las estructuras provinciales y municipales en el financiamiento del sector salud, y por el otro un nivel de delegación de amplio en materia de gestión. Tal combinación de funciones genera incentivos poco claros en el uso de los recursos, particularmente en el modelo sanitario a ser aplicado en hospitales y centros de atención primaria, llevando a resultados sanitarios no necesariamente vinculados con la inversión realizada. Por otra parte, las limitaciones en establecer criterios de coordinación entre municipios motivan la existencia de subsidios cruzados no planeados entre jurisdicciones, volviendo más complejo el proceso de toma de decisiones.

A fin de aproximar una medida de los recursos requeridos por el sistema sanitario provincial, se identificó un índice de riesgo epidemiológico por municipio, en función de sus indicadores de morbi-mortalidad (Maceira y Kremer, 2007), comparándolos con los niveles de gasto municipal en salud en 2003. De esta relación "efectividad-gasto" se identificó el municipio de mejor desempeño y se produjo un ejercicio estadístico de regresión que permitió establecer la brecha entre el gasto real de cada jurisdicción y el necesario para cumplir con el patrón de costo efectivo del municipio-guía.

Gráfico 3.4 Provincia de Buenos Aires: brecha de gasto en salud según necesidades

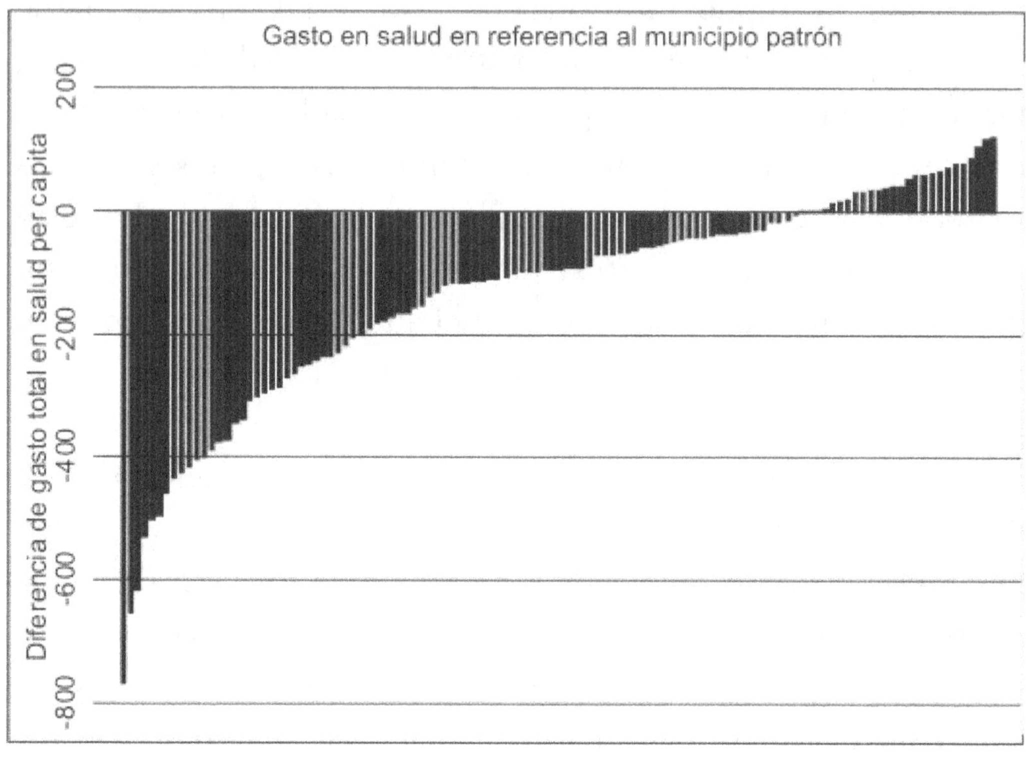

Fuente: Maceira, D. y Kremer, P. (2007).

Como resultado (Gráfica 3.4), se encuentra que en 93 de 134 municipios se utilizan más recursos para alcanzar menos resultado que el municipio utilizado como pauta, en tanto en otros 24 se alcanzan mejores resultados, pero con gastos superiores a los del municipio-guía.[3] A continuación se calculó por municipio la diferencia de recursos a ser recibidos a fin de alcanzar los niveles de efectividad del patrón municipal, llegándose a la conclusión de que se requeriría, en valores de 2003, de un incremento aproximado de

---

[3] Fueron ellos Avellaneda, Berisso, Castelli, General Belgrano, General Las Heras, General Lavalle, General San Martín, Hurlingham, Ituzaingó, La Plata, Lanús, Lomas de Zamora, Morón, Pellegrini, Pinamar, Puan, Saavedra, San Isidro, San Miguel, Tordillo, Tornquist, Tres de Febrero y Vicente López.

53 % en el presupuesto público para poder cubrir la salud pública en la Provincia a igual calidad que el municipio-patrón.

Dado el límite existente en la capacidad de recolección de recursos y su asignación al sector sanitario, el ejercicio efectuado refuerza la necesidad de revisar los mecanismos existentes de asignación de recursos y establecer pautas para mejorar el desempeño y la gestión municipal, invirtiendo en modos de acción más eficaces.

Los sistemas argentino y el bonaerense multiplican las posibilidades de brechas de equidad entre subsistemas dentro de una dimensión horizontal en el sistema de salud (subsistemas: público, de seguridad social y privado), como muestra el siguiente esquema. Dadas las disímiles capacidades de recolección de fondos y de gestión de los mismos cada subsistema, en este modo atomizado de garantías sanitarias, actúa con escasa coordinación (entre provincias, entre obras sociales, entre unas y otras, y aun entre municipios en la Provincia de Buenos Aires), llevando a que algunas instituciones (no necesariamente las más ricas económicamente) subsidien a otras.

Esquema 3.2: Dimensiones de análisis en un sistema de salud

Fuente: Maceira, 2001.

Los resultados de esta falta de coordinación en el diseño de estrategias sanitarias se observa en el desempeño de los prestadores de servicios de salud: instituciones sanitarias con superávit *versus* organismos públicos de salud pobres, diferencias marcadas en indicadores de mortalidad infantil y prevalencia de consultas vinculadas con distintos perfiles epidemiológicos (Carrin et al., 2005; Murray y Frenk, 2000). Sin embargo, tales resultados en la esfera de las prestaciones de salud son producto de limitaciones en funciones anteriores dentro de la dimensión vertical del sistema: financiamiento, aseguramiento y gestión de recursos.

Falta de mecanismos homogéneos en los modos de recolección y gestión de recursos, y particularmente en el diseño de estrategias de aseguramiento social, llevan a multiplicar gastos administrativos, limitan la capacidad de planificación de actividades sanitarias sistemáticas, y reducen las posibilidades de financiamiento de requerimientos sanitarios no sistemáticos y de alto costo (enfermedades catastróficas). Es en la esfera de aseguramiento donde —explícita o implícitamente— se define el plan de atención: quiénes efectivamente se encuentran cubiertos por el sistema, cuáles son los servicios a ser provistos y cuáles los derechos que serán garantizados, los modos de retribución a los factores participantes para llevar a cabo tales acciones y los modos de financiamiento de la red de cobertura solidaria de aquellos con menor capacidad contributiva (entre otros Docteur et al., 2003; Kutzin, 2008 y Roberts et al., 2008). Limitaciones de coordinación en esta esfera producen transferencias de riesgos financieros y epidemiológicos entre aseguradores, gerentes y prestadores agudizando las inequidades entre subsistemas.

IV. Conclusiones

De la lectura de esta información surgen algunos elementos para el debate de política sanitaria, asociados fundamentalmente con el alcance y las restricciones del "modo argentino" de diseñar, administrar e implementar modos sustentables de protección social en salud, y su impacto sobre la equidad del sistema. Tales limitaciones perjudican particularmente al subsistema público y a su población prioritaria, reforzando la necesidad de estrategias públicas sectoriales eficientes como modo de alcanzar equidad en las asignaciones presupuestarias.

En la medida en que los recursos destinados a salud son limitados los mecanismos de priorización se vuelven extremadamente relevantes para la gestión de política pública. Además, y a pesar de la responsabilidad provincial sobre los sistemas de salud de cada jurisdicción, el Estado nacional debe crear las condiciones para que se debata la temática vinculada con sistemas integrados provinciales o esquemas de aseguramiento social en salud por jurisdicción, los modos de asignar los recursos provinciales y los criterios para coordinar acciones municipales.

La fragmentación afecta el acceso a la salud, dejando de lado principios sistémicos. En otras palabras, cuando el Estado se compromete a garantizar el derecho al acceso a la salud no solamente debe considerarse la perspectiva de la cobertura que propone garantizar el subsistema público, sino también la capacidad de regulación de los prestadores privados y de la seguridad social, sobre los cuales no tiene autoridad financiera, pero sí reguladora.

A modo de conclusión, y a la luz de la información disponible en la Provincia de Buenos Aires y la Región Metropolitana, surgen dos elementos fundamentales a partir de los cuales se requerirá de un debate abierto en la sociedad.

En primer lugar, y dada la escala provincial y sus implicancias en el sistema nacional de salud, es necesario elaborar un diagnóstico de perfiles epidemiológicos y necesidades sanitarias de la población. A partir de ello podrán establecerse las brechas de atención existentes y su correspondencia con la dotación de infraestructura y recursos humanos de cada región y municipio. Ese punto de partida hará posible identificar la dimensión de los requerimientos financieros y diseñar un plan de aseguramiento y formación de personal de gestión.

En segundo lugar, el financiamiento de la salud se encuentra fuertemente orientado a sostener la estructura hospitalaria y los recursos humanos, por sobre las características de necesidad o demanda de la población. Esta tendencia se acentúa a través de los criterios de distribución de fondos en los que se basa el modelo de coparticipación provincial. En ese contexto, las regiones sanitarias del conurbano bonaerense presentan indicadores socioeconómicos y de infraestructura sanitaria que las hacen más vulnerables que las del resto de la Provincia. El diseño de un mecanismo de distribución alternativo que priorice y provea incentivos para avanzar hacia un modelo estratégico de atención primaria surge como un elemento esencial, fortaleciendo conductas preventivas y acciones en red por parte del sistema, con coordinación entre municipios y, particularmente en la Región Metropolitana, en medidas complementarias con la Ciudad Autónoma de Buenos Aires.

Finalmente, y del mismo modo que la segmentación entre subsistemas es visto desde la óptica nacional como limitante para el logro de resultados sanitarios más eficaces y equitativos, la Provincia de Buenos Aires debe buscar esquemas de trabajo conjunto entre los ministerios y secretarías de salud en sus diferentes niveles y la seguridad social bonaerense, diseñando una hoja de ruta orientada a la convergencia en las oportunidades de atención de la población residente en esta provincia.

Bibliografía

Carrin, Guy y Chris James (2005), "Social health insurance: Key factors affecting the transition towards universal coverage", en *International Social Security Review* N° 58.

Daniels, N., W. Flores, S. Pannarunothai, P.N. Ndumbe, J. H. Bryant, T. J. Ngulubre y Y. Wang (2005), "An evidence-based approach to benchmarking the fairness of health-sector reform in developing countries", en *Bulletin of the World Health Organization*, N° 83: 534-540.

Docteur, E. y H. Oxley (2003), *Health-Care Systems: Lessons from the Reform Experience*", OCDE, París.

Hsiao, W. C. y P. R. Shaw (2007a), "Chapter 1: Introduction, Context, and Theory", en Hsiao, W. C. y P. R. Shaw, *Social Health Insurance for Developing Nations*, The International Bank for Reconstruction and Development/The World Bank, Washington.

Infante, A, I. de la Mata y D. López Acuña (2000), "Reformas de los sistemas de salud en América Latina y el Caribe: situación y tendencias", en *Revista Panamericana de Salud Pública*, N° 8 (1/2).

Instituto Nacional de Estadísticas y Censos (2001/1991), *Censo Nacional de Población y Vivienda*, Buenos Aires.

Instituto Nacional de Estadísticas y Censos (1997-2004), *Encuesta Nacional de Consumo de los Hogares*, Buenos Aires.

Kutzin, J. (2008), "Health financing policy: a guide for decision-makers", mimeo, Organización Mundial de la Salud OMS, Ginebra.

Maceira, Daniel (2001), "Dimensiones vertical y horizontal en el aseguramiento social en salud en América Latina y el Caribe", en *Iniciativa Latinoamericana para la Reforma del Sector Salud* (HSPH, FPMD, PHR, PAHO, USAID). No. 2

————— (2008), "Gasto en Salud Provincial en un Contexto Descentralizado", en *Evaluación del Seguro Público de Salud de la Provincia de Buenos Aires*, Informe de Política Pública, CIPPEC, Buenos Aires.

————— (2009), "Crisis económica, política pública y gasto en salud. La experiencia argentina.", *Documento de Trabajo N° 23*, mayo, CIPPEC, Buenos Aires.

————— (2010a), *"Mecanismos de Protección Financiera en Salud en Argentina"*, mimeo CEDES.

————— (2010b), "Mecanismos de Aseguramiento Social en Salud: Aportes para un Análisis Comparado", mimeo CEDES.

Maceira, Daniel y Pablo Kremer (2007), "Gasto en Salud y Desempeño. Un Análisis de Brecha de Financiamiento para la Provincia de Buenos Aires". *Documento de Trabajo*, CIPPEC, Buenos Aires.

Maceira, Daniel, S. Olaviaga, P. Kremer y C. Cejas (2006), "Centros de Atención Primaria de Salud: Radiografía de su distribución en la Argentina", *Documento de Políticas Públicas, N°.30*, CIPPEC, Buenos Aires.

Ministerio de Salud, Argentina (2001), *Guía de Establecimientos Asistenciales*, Buenos Aires.

Ministerio de Salud, Argentina (2003), *Encuesta Nacional de Utilización y Gasto en Salud de los Hogares*, Buenos Aires.

Ministerio de Salud, Argentina, Secretaría de Determinantes de la Salud y Relaciones Sanitarias (2008), *Transferencias de los Programas Sanitarios a las Provincias*, Buenos Aires..

Ministerio de Salud, Argentina, Secretaría de determinantes de la Salud y Relaciones Sanitarias (2009), *Primer Boletín de la Dirección de Economía de la Salud*, Volumen 1, Buenos Aires.

Murray, C. J. L. y J. Frenk (2000), "A framework for assessing the performance of health systems", en *Bulletin of theWorld Health Organization*, N° 78(6), Organización Mundial de la Salud, Ginebra.

Organización Mundial de la Salud (2000), "Health Systems: Improving Performance", en *TheWorld Health Report 2000*, París.

Provincia de Buenos Aires, Ministerio de Hacienda (2003), *Gasto Provincial y Municipal en Salud*, La Plata.

Provincia de Buenos Aires, Ministerio de Salud (2007), *Estadísticas Sanitarias (varios años)*, La Plata.

Provincia de Buenos Aires, Seguro Público de Salud (2007), *Database 2004/6*, La Plata.

Roberts, M. J., W. Hsiao, P. Berman y M. R. Reich (2008), *Getting Health Reform Right:A Guide to Improving Performance and Equity*, Oxford University Press, NuevaYork.

CAPÍTULO 4

El uso de los hospitales públicos de la Ciudad Autónoma de Buenos Aires: un análisis desde la perspectiva metropolitana

Mariela Rossen
(Centro de Estudios Sanitarios y Ambientales para Áreas Metropolitanas, Universidad ISALUD)

Introducción

La Región Metropolitana de Buenos Aires o Gran Buenos Aires (GBA)[1], conformada por la Ciudad Autónoma de Buenos Aires y 24 municipios que en conjunto conforman el conurbano bonaerense, puede ser considerada –como otros espacios metropolitanos– como un espacio de flujos, en contraposición a los espacios de lugares (Borja y Castells: 1997).

[1] La denominación "Región Metropolitana" fue utilizada por el INDEC en el Censo de 2001, para el área compuesta por la Ciudad de Buenos Aires y los 24 partidos del Gran Buenos Aires (también denominados en conjunto como conurbano). Desde 2003 el INDEC denomina Gran Buenos Aires (GBA) a lo que consideraba Región Metropolitana.

En este capítulo utilizaremos indistintamente las denominaciones Región Metropolitana o Gran Buenos Aires para referirnos a ese espacio geográfico y de flujos. En primera instancia se mencionarán algunos aspectos generales del desarrollo urbano para luego describir algunas características y desigualdades internas del GBA, y a partir de ese marco y desde una perspectiva metropolitana aportar datos de la utilización de los hospitales públicos de la Ciudad Autónoma de Buenos Aires obtenidos del estudio de sus egresos.

Se considerará a la Región Metropolitana de Buenos Aires como un todo, que tiene una dinámica propia y problemáticas que trascienden los límites jurisdiccionales o "territorios" en los que se divide administrativamente. En el ámbito de la salud, esta dinámica de flujos superadora de los límites territoriales delinea corredores sanitarios apuntando a minimizar desigualdades en la oferta y accesibilidad a los servicios de atención. Estos corredores se conforman por una proporción de población que demanda y recibe atención en jurisdicciones distintas a la de residencia.

A partir del estudio de los egresos anuales del conjunto de hospitales de la Ciudad de Buenos Aires se identificarán los principales corredores sanitarios que se dirigen hacia ésta y algunas características y motivaciones para ello de las poblaciones que los conforman. Finalmente se aportarán reflexiones sobre la necesidad y las posibilidades de instrumentar un trabajo articulado en salud en el Gran Buenos Aires entre los servicios y las jurisdicciones.

Será utilizado en este capítulo parte del material de una investigación[2] que coordiné en el año 2008, desarrollada en el marco de un convenio de cooperación entre la Defensoría del Pueblo de la Ciudad de Buenos Aires y la Universidad ISALUD. Algunos datos

---

[2] Publicada en *Los caminos de la salud I-II y III*, serie Políticas públicas y derechos, 8, 9 y 10. Defensoría del Pueblo de la Ciudad Autónoma de Buenos Aires. M. Rossen, I. Pertino y colaboradores, Buenos Aires, 2008 y 2009.

de aquella investigación que correspondían al año 2006 fueron actualizados posteriormente al 2008 por el Centro de Estudios Sanitarios y Ambientales para Áreas Metropolitanas de la Universidad ISALUD, y se incorporan en este capítulo.

I. Crecimiento urbano, concentración de inequidades

Actualmente en el mundo se cuenta con el conocimiento y los recursos para evitar, combatir o aliviar la mayoría de las enfermedades existentes. No obstante, ni los conocimientos ni los recursos están al alcance de todos y existen enormes e injustas desigualdades en los riesgos de enfermar y morir entre países, entre las jurisdicciones en las que se dividen estos, entre grupos poblacionales y entre individuos.

Las abismales diferencias en las condiciones y calidad de vida entre distintos grupos sociales, sumadas a los diferentes significados y sentidos que unos y otros grupos le dan a la salud, se manifiestan en desiguales cargas de enfermedad y muerte. A esto se le suman, además, desigualdades en el acceso a los recursos sanitarios básicos y al sistema de salud en su conjunto, y en la calidad de la atención que se brinda.

El nivel de ingresos, las condiciones laborales y ambientales, el sexo y género, el nivel de educación, origen étnico o el lugar geográfico de residencia son importantes determinantes sociales de la salud, particularmente en los países latinoamericanos.[3] A su vez, las características del funcionamiento local de los servicios médicos, su accesibilidad y calidad, son consideradas también determinantes importantes que tienen injerencia en los resultados sanitarios.

---

[3] Ver el Informe: "Objetivos de Desarrollo del Milenio. La Progresión hacia el Derecho a la Salud en América Latina y el Caribe", Naciones Unidas, 2008.

No obstante, las políticas sanitarias y el funcionamiento de los sistemas de salud en general no alcanzan a orientar su accionar en forma más efectiva para evitar reproducir las inequidades generadas en otros campos, las que están presentes en mayor escala en las grandes urbes.

Actualmente más de la mitad de la población mundial vive en áreas urbanas, y cada vez el mundo se vuelve más urbano. Es importante tener en cuenta que las proyecciones de Naciones Unidas para el siglo XXI advierten que una de las principales características de este crecimiento es que se compondrá en gran medida de personas pobres.[4]

Gran parte del desarrollo urbano de grandes ciudades latinoamericanas, como del mundo, se ha dado sin una planificación integral y sin perspectivas de futuro en algunos aspectos (medio ambiente, vivienda, provisión de energía, transporte, etc.). Lo mismo sucede en lo que respecta al desarrollo y distribución de los servicios de salud. Las crecientes urgencias en estas áreas requieren de una urgente planificación para un desarrollo urbano sustentable de las ciudades en nuestro continente

El alto crecimiento de la población urbana ha impuesto enormes exigencias a la capacidad y competencia de los gobiernos locales para que procuren satisfacer las crecientes demandas de vivienda y de servicios. Afirma la Organización Mundial de la Salud que: "Aunque las ciudades pueden ofrecer oportunidades, la gestión y la gobernanza deficientes, las infraestructuras insuficientes y la falta de políticas de equidad tienden a agravar los efectos de la pobreza, la desigualdad y los problemas sanitarios de las comunidades urbanas".[5]

---

[4] Ver "Estado de la Población Mundial 2007" Liberar el potencial del crecimiento urbano. Naciones Unidas-Fondo de Población. 2007.

[5] Organización Mundial de la Salud. Nuestras ciudades, nuestra salud, nuestro futuro. Resumen del Informe de la Red Experta sobre medios urbanos a la Co-

A la complejidad de las grandes urbes por su magnitud se le suman otras dificultades para su manejo y administración dadas las distintas jurisdicciones comprometidas en el tratamiento de sus problemas. En el análisis y la resolución de estos intervienen diferentes niveles de gobierno: nacional, provincial o departamental y municipales. Las grandes urbes suelen estar conformadas por más de una jurisdicción político administrativa.

En conjunto los espacios metropolitanos son considerados desde hace décadas por lo urbanistas como espacios de flujos, en contraposición a la noción tradicional de espacios de lugares. Los grandes conglomerados urbanos son actualmente ciudades con población descentralizada en un sistema de subcentros urbanos que presenta desiguales condiciones sociales y sanitarias y, por lo tanto, diferentes necesidades de servicios que no concuerdan por lo general con la estructura y distribución actual. En el campo de la salud es frecuente encontrar una distribución y capacidad y calidad desigual de los servicios, que en lugar de mitigar las desigualdades sociales las reproducen y profundizan. La Región Metropolitana de Buenos Aires es una de las grandes megaciudades de Latinoamérica donde las distintas necesidades de atención no se corresponden con la distribución y organización de los servicios de salud, sino todo lo contrario.

Estas inequidades en salud, cuyo origen se relaciona con las formas de organización social (división del poder, del trabajo y de la riqueza, modos productivos, roles, etc.), no se resolverán integralmente hasta que las sociedades no evolucionen hacia formas más justas y equitativas de organización. No obstante, hasta que eso suceda hay avances y retrocesos y mucho puede hacerse tendiente a disminuir las brechas en salud.

---

misión sobre Determinantes Sociales de la Salud. OMS, 2008 (http://www.who.or.jp/publications/2008-2010/KNUS_Synopsis_Sp.pdf).

Razones de eficiencia e impacto constituyen a las grandes urbes en entidades prioritarias para la investigación e implementación de políticas públicas para la equidad, que requerirán de un abordaje particular debido a la gran complejidad y especificidad que presentan las problemáticas metropolitanas. En Argentina han sido escasos los esfuerzos y las políticas en pos de abordar la complejidad sanitaria de las áreas metropolitanas como los estudios que aportan información para permitir abordar este desafío.

II. El Gran Buenos Aires y sus desigualdades

Como en otras grandes urbes en expansión, en el Gran Buenos Aires se produce una tensión entre la territorialidad zonal (definida por límites político-geográficos dentro de los cuales se ejercen poderes, políticos y administrativos) y los flujos o movimientos en esa territorialidad de flujos. Estos, que trascienden las fronteras políticas y geográficas, ponen en juego la necesidad de acuerdos para el ejercicio del poder en función de los nuevos requerimientos relacionados con la circulación de las personas, de los bienes y de la información, y la necesidad de un entramado reticular de servicios.

Tanto la Ciudad de Buenos Aires como los municipios del conurbano bonaerense son meros componentes de un territorio más amplio y que los trasciende, en el cual la población se traslada, produce, consume y utiliza los servicios: el espacio metropolitano de flujos.

El Gran Buenos Aires abarca una superficie de poco más de una centésima parte del territorio nacional, en la que reside un tercio de la población del país, algo menos de catorce millones de habitantes.

Como en la mayoría de las regiones metropolitanas de América Latina, la dinámica de crecimiento y configuración del Gran Buenos

Aires no se desarrolló ordenada y planificadamente. Esto se manifiesta en importantes desigualdades socio-económicas, ambientales y sanitarias. En el territorio que abarca la Región Metropolitana se encuentran tanto los principales actores económicos del país como una importante proporción de su población en condiciones de extrema pobreza, lo que plantea desequilibrios sociales visibles. En la Ciudad de Buenos Aires y algunos de sus bordes territoriales se encuentra en gran medida población con medianos y altos ingresos, en cambio en el conurbano lo que predomina es la población de bajo y mediano ingreso (excepto en su porción norte y en los barrios cerrados, diseminados en distintas zonas).

La composición demográfica de la población del Gran Buenos Aires también presenta heterogeneidades internas. En la zona de ocupación más antigua, la Ciudad Autónoma de Buenos Aires delimitada por el Río de la Plata, el Riachuelo y la autovía General Paz, la proporción de personas mayores aumenta con respecto a los bordes en los que predominan los jóvenes, como también sucede en la geografía mayor del conurbano. Esto genera una natalidad más alta en la periferia con respecto al centro. Por otra parte, en las últimas décadas los movimientos migratorios hacia la Región Metropolitana se orientaron hacia la periferia de la ciudad y hacia el conurbano. De esta manera se completa la conformación del perfil demográfico actual del Gran Buenos Aires, con sus disparidades. Un núcleo donde predominan los adultos y que cuenta con una concentración de personas mayores y una periferia más joven y en expansión. Todas estas diferencias en la composición demográfica y socioeconómica entre distintas zonas de la región metropolitana, se reflejan en diferentes necesidades de atención de la salud.

Las diferencias internas que se encuentran en la Región Metropolitana no sólo se relacionan con las características de los grupos poblacionales mayoritarios por zona (edades, condiciones socioeconómicas, etc.), sino que existen también otros desequilibrios (cantidad de personas y posibilidades de acceso a los servicios de salud, de educación, de transporte, etc.), poniendo en evidencia que la problemática de la región resulta sumamente compleja tanto por la magnitud de su población como por las grandes disparidades que se presentan en su interior.

En el ámbito de la salud estas distintas realidades y necesidades no están reflejadas en la lógica de distribución y organización de los servicios de salud, sino todo lo contrario. En lo que respecta a la oferta hospitalaria, por ejemplo, la Ciudad de Buenos Aires quintuplica en el subsector público la cantidad de camas por habitante sin cobertura de Obra Social con respecto al conurbano. Los servicios de atención no desarrollan sus prácticas en forma coordinada y con lógica de red entre los niveles de atención ni entre las diferentes jurisdicciones, por lo que la organización y el funcionamiento del sistema sanitario no sólo no mitigan las desigualdades de la oferta sino que tampoco aprovechan suficientemente sus recursos. Con respecto al primer nivel de atención, la cantidad de Centros de Atención Primaria en la Región Metropolitana es escasa, encontrando jurisdicciones como La Matanza que cuenta con apenas uno por cada diez mil habitantes. Las acciones de prevención y promoción de la salud son deficitarias y buena parte de los ingresos al sistema se producen por enfermedades prevenibles.

Todo lo anterior se expresa en los diferentes resultados sanitarios que se observan dentro del Gran Buenos Aires. Las jurisdicciones que lo componen presentan, en algunos aspectos, brechas entre sí de similar magnitud a las que se observan a nivel nacional al comparar resultados entre provincias.

Por ejemplo, en el año 2007 las Tasas de Mortalidad Infantil (TMI) más altas en el Gran Buenos Aires duplican y hasta casi triplican a las más bajas (la TMI más alta de todo el conglomerado urbano fue de 19,3 ‰, y la más baja de 7,5 ‰). Para el mismo año, la proporción de nacidos vivos con bajo peso fue 30 % mayor en el partido que registró más niños con bajo peso al nacer con respecto al que registró menos (la tasa más alta de niños nacidos con bajo peso fue de 8,4 % y la más baja de 6,5 %).

La Región Metropolitana, aun habiendo inequidades sociales en relación a su geografía y entre sus componentes, tiene importantes problemas comunes (sanitarios, ambientales, de gestión de residuos, de transporte, de seguridad) y se comporta como un espacio único de flujos. No obstante, la gestión metropolitana, como sucede en otras grandes megaciudades, es la suma o acumulación de la gestión de los distintos niveles de gobierno que actúan sin que existan instancias claras de gestión que comprendan a todo el territorio abarcado.

Los problemas metropolitanos superan lo jurisdiccional particular y no coinciden con representaciones políticas o niveles específicos de gestión, a esto se le suma una desvinculación entre el ámbito territorial de las necesidades y el ámbito territorial de los recursos (Pírez, 2001). Da cuenta de esto último la existencia de municipios ricos con pocas necesidades y municipios pobres con muchas necesidades. Estas contradicciones llevan a plantear la necesidad de implementación de políticas públicas y de una gestión con perspectiva metropolitana que pueda orientar y conducir el creciente desarrollo urbano con una planificación acorde a las necesidades y que apunte a la equidad.

III. Hospitales públicos de la Ciudad de Buenos Aires, recurso compartido en el Gran Buenos Aires

Las asimetrías internas del Gran Buenos Aires entre las necesidades de salud de la gente y las características y posibilidades de la oferta de servicios (relacionados con su distribución, calidad, horarios de atención, perfil del recurso humano, etc.), se manifiestan en el desigual acceso a la atención. De esta manera el sistema de salud metropolitano reproduce inequidades que se presentan en otros campos. A esto se le suma la fragmentación de los servicios entre las jurisdicciones y entre los distintos niveles de complejidad (además de entre los subsectores público, privado y de la seguridad social), lo que dificulta la posibilidad del sistema de salud para un funcionamiento compensatorio de las desigualdades. En realidad, funciona como "sistema" a nivel metropolitano y a nivel local de los municipios y de la Ciudad de Buenos Aires solamente en pocos aspectos.

No obstante, a pesar de toda esta fragmentación, la población desarrolla estrategias que apuntan a mitigar desigualdades en las oportunidades de atención.

La utilización de los servicios hospitalarios de la Ciudad de Buenos Aires por parte de la población de los distritos municipales vecinos refleja que en el ámbito de la salud metropolitana el Gran Buenos Aires también se comporta como un territorio de flujos, en el que se conforman "corredores sanitarios". Estos se constituyen en forma espontánea por la población que, en búsqueda de atención de su salud, recurre desde la periferia hacia el centro de la región, en el que se cuenta con mayor concentración de los servicios y accesibilidad a ellos.

La cantidad de egresos en los hospitales públicos de la Ciudad se mantuvo más o menos estable en la última década aunque se observaron oscilaciones en algunos años.

Gráfico 4.1: Egresos totales por año del conjunto de hospitales públicos de la Ciudad Autónoma de Buenos Aires, 1999-2008

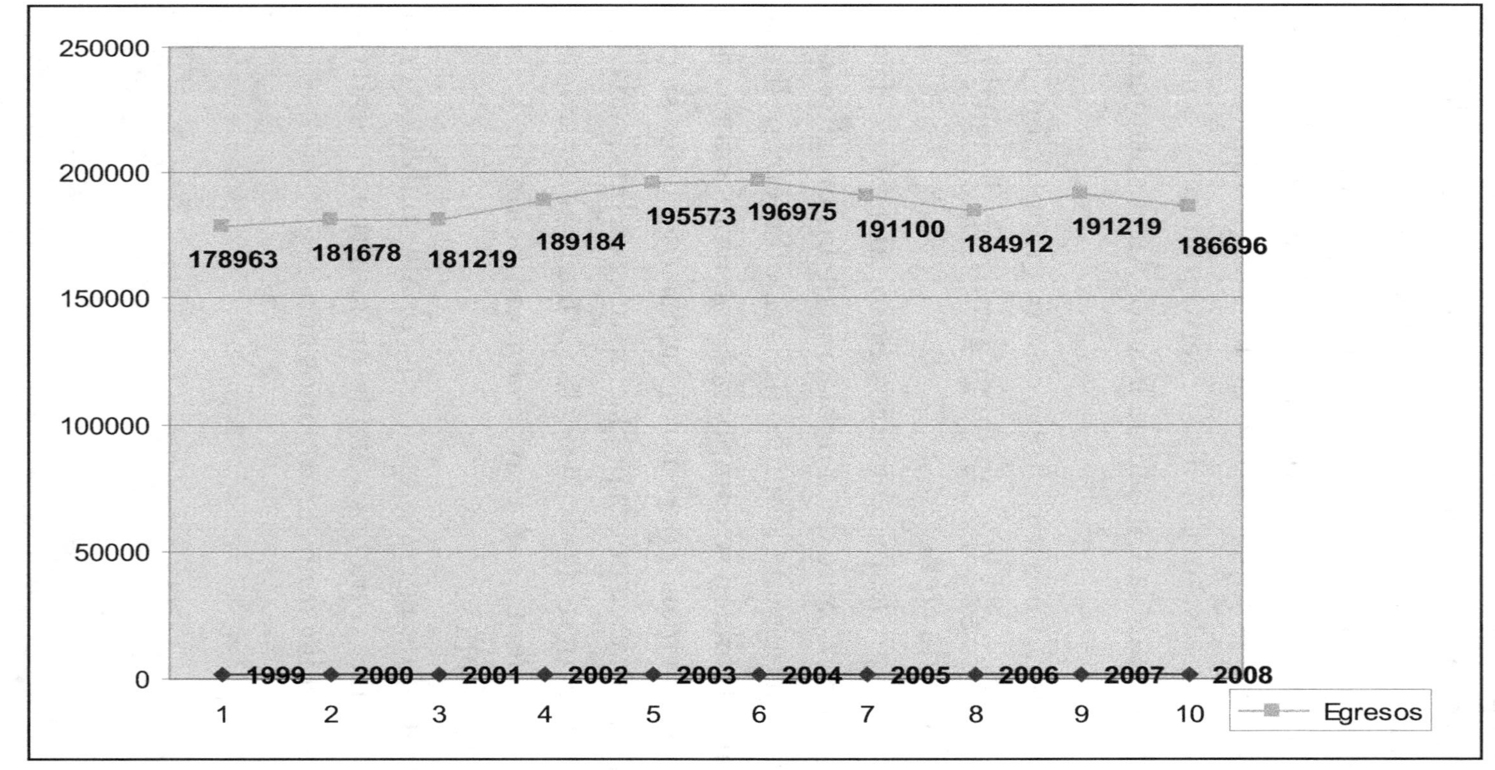

Fuente: Elaboración en base a datos del Ministerio de Salud de la C.A.B.A.

Los valores extremos del decenio son 178.963 egresos en el año 1999 y 196.975 egresos en 2004, diferencia cercana a 10 % entre ambos valores. Durante los años 1999 al 2001 la cantidad total de egresos se mantuvo estable. A partir del año 2002 comienza a incrementarse notoriamente hasta llegar al pico del 2004. A partir del año 2005 se observa una tendencia decreciente con algún pico en 2007. El principal aumento de egresos coincide con la repercusión posterior que tuvo la crisis económica del país en 2001, a partir de la cual disminuyó la proporción de población con trabajo estable y cobertura social.

En el año 2008, de la totalidad de los 186.696 egresos registrados en el conjunto de hospitales públicos dependientes de la Ciudad de Buenos Aires[6], sólo la mitad corresponde a la población que reside en esta ciudad (93,418 egresos) y 43 % (81.001 egresos) corresponde a la población del conurbano. El conjunto de población que reside en otro lugar (7982 egresos) o que no tuvo especificada su residencia (4295 egresos), completa 6 % restante.

---

[6] No se incluye al Hospital Garrahan debido a que no es de gestión exclusiva de la Ciudad Autónoma de Buenos Aires. La comparte con el Gobierno nacional, que aporta gran parte del presupuesto.

Gráfico 4.2: Proporción de egresos según residencia del total de egresos de los hospitales públicos de la Ciudad Autónoma de Buenos Aires, 2008

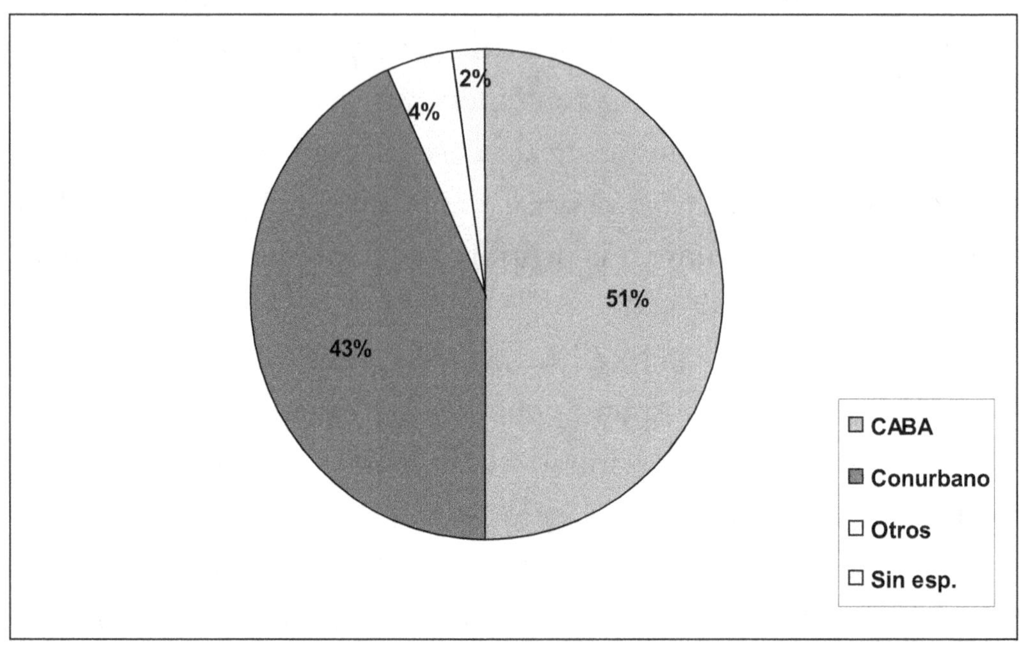

Fuente: Elaboración con datos otorgados por el Ministerio de Salud de la Ciudad Autónoma de Buenos Aires.

La proporción de egresos producidos por el conurbano no parece haber variado demasiado, al menos en los últimos tres años. En 2006 representó 41 % de la totalidad de los egresos de los hospitales de la Ciudad, y en 2008 significó 43 %, como se dijo anteriormente.

Al tomar los hospitales en forma individual para estudiar sus egresos según lugar de residencia del paciente, pudo visualizarse la procedencia de la demanda para cada uno de aquéllos. Dicha información sirve para delinear en el ámbito de la salud la dirección de los flujos e identificar corredores sanitarios conformados desde los municipios del conurbano hacia hospitales específicos de la Ciudad de Buenos Aires. El flujo de población desde el conurbano a ésta se compone de varios corredores no sólo porque la población proviene de distintos municipios y en distinta proporción desde cada uno de ellos, sino porque no recurre en igual magnitud a todos y cada uno de los hospitales, hay "direcciones" fuertemente definidas entre ciertos municipios y hospitales.

De la totalidad de los municipios que forman parte del Gran Buenos Aires, en sólo tres de ellos (La Matanza, Lanús y Lomas de Zamora) se originan conjuntamente 50 % de los egresos de pacientes provenientes del conurbano en los hospitales públicos de la Ciudad de Buenos Aires.

Gráfico 4.3: Egresos totales del total de los hospitales de la Ciudad de Buenos Aires, según municipio[7] del conurbano residencia de los egresados, 2006

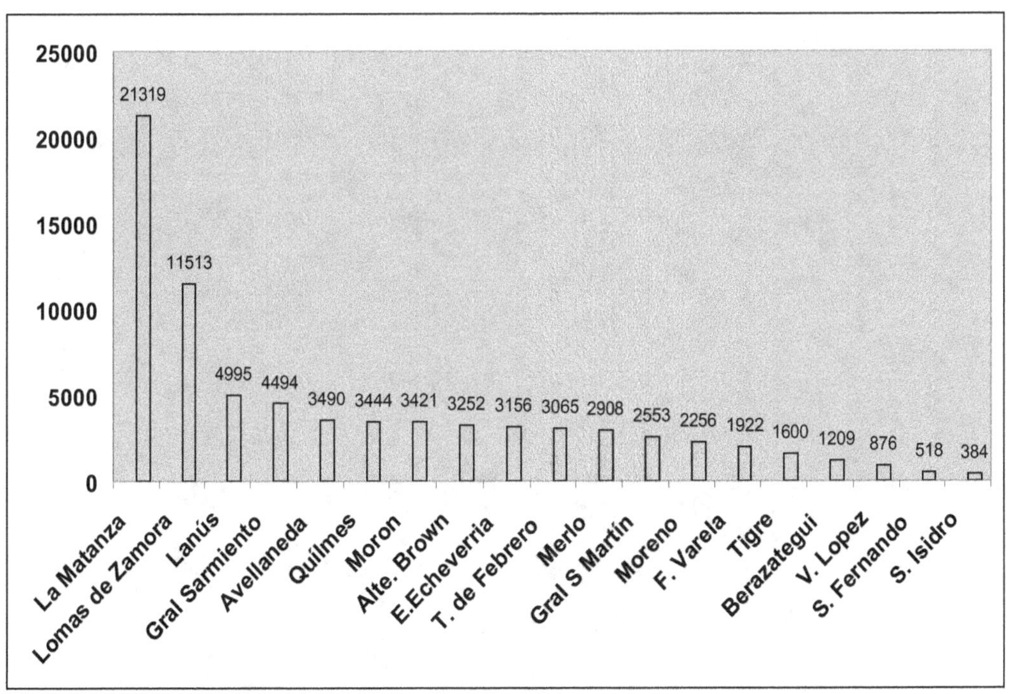

Fuente: Los caminos de la Salud. Serie Políticas Públicas y Derechos. N° 9. Defensoría del Pueblo de la Ciudad Autónoma de Buenos Aires. Año 2008

---

[7] Las estadísticas de salud que proporciona el Ministerio de Salud de la Ciudad Autónoma de Buenos Aires, no contemplan la subdivisión de los municipios efectuada en 1994 (el partido de Esteban Echeverría fue subdividido en dos, y los de General Sarmiento y Morón subdivididos, cada uno, en tres. En el caso de General

Si bien todos los hospitales de la Ciudad de Buenos Aires registran egresos de población que reside en el conurbano, hay algunos hospitales que se perfilan como los "más elegidos" por dicha población. Sólo seis de ellos (Sardá, Penna, Santojanni, Elizalde. Gutiérrez y Argerich) concentran en conjunto más de la mitad (54 %) de los egresos de oriundos del conurbano registrados en los hospitales de la Ciudad de Buenos Aires. De estos hospitales uno es una maternidad (Sardá), dos son hospitales de niños (Elizalde y Gutiérrez) y los otros tres son hospitales generales de agudos. Salvo el Gutiérrez, los otros cinco hospitales son cercanos al límite sur de la Ciudad.

Sarmiento ningunos de los producidos –José C. Paz, Malvinas Argentinas y San Miguel– conservó el nombre original).

Mapa 4.1: Egresos de residentes del conurbano en cada uno de los hospitales de la Ciudad de Buenos Aires según rangos de magnitud, 2008

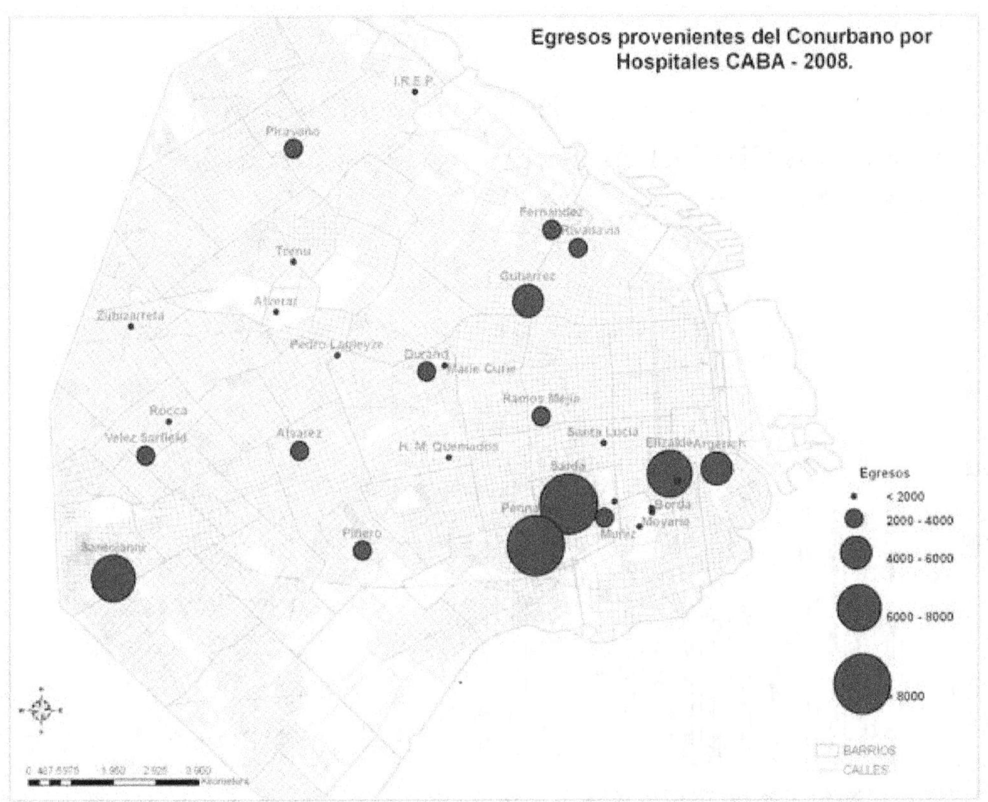

Fuente: Elaboración con del Ministerio de Salud de la Ciudad Autónoma de Buenos Aires.

Al estudiar en cada hospital la proporción de egresos por jurisdicción de residencia de los pacientes, pudieron delinearse distintos perfiles hospitalarios.

Un grupo más orientado a la atención de población del conurbano, debido a que en éste se originaba más de 50 % de sus egresos anuales. A este grupo pertenecen los hospitales generales de agudos Penna y Santojanni, además de los hospitales de niños, la maternidad Sardá y el resto de los especializados, exceptuando a los orientados a la salud mental Borda y Moyano.

Otro grupo de hospitales en los que la mayor proporción de sus egresos es producida por pacientes que residen en la Ciudad de Buenos Aires. A este grupo pertenecen el resto de los hospitales generales de agudos, y los especializados en salud mental Borda y Moyano

Gráfico 4.4: Egresos según lugar de residencia (conurbano o Ciudad de Buenos Aires). Total de hospitales de la Ciudad, 2008

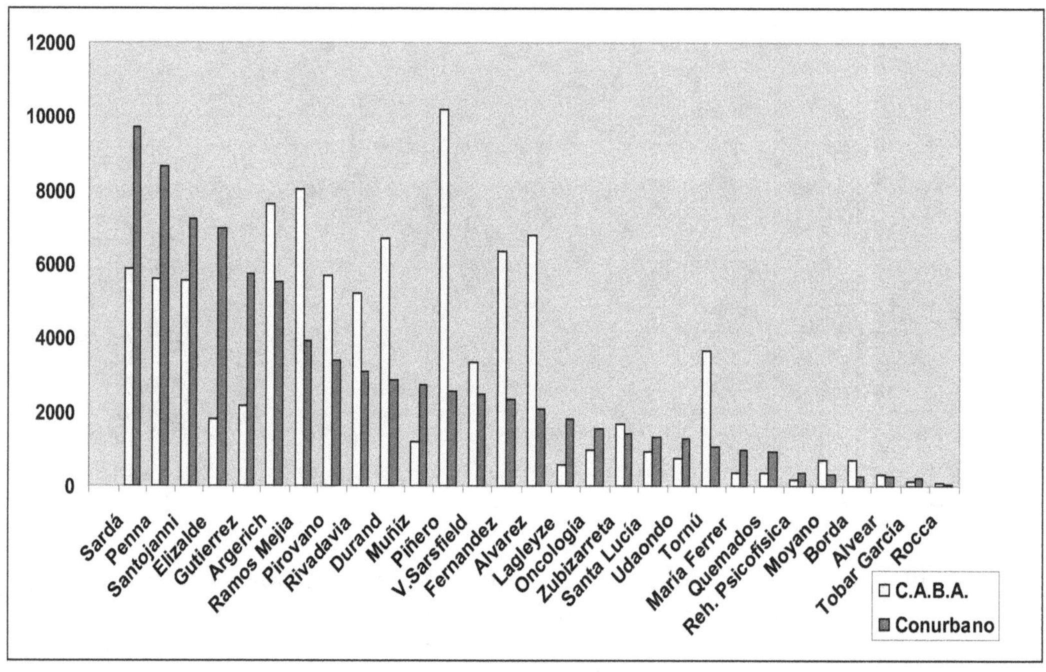

Fuente: Elaboración con datos del Ministerio de Salud de la Ciudad Autónoma de Buenos Aires.

Al relacionar los municipios del conurbano que más egresos hospitalarios originan en la Ciudad de Buenos Aires se pueden identificar los principales corredores sanitarios.

De acuerdo a datos de egresos del año 2006,[8] puede decirse que los corredores de mayor magnitud (se seleccionaron los que produjeron más de 1000 egresos en el año), son los que se conforman entre los municipios de La Matanza y los hospitales Santojanni y Sardá; Lomas de Zamora y los hospitales Penna y Sardá; Lanús y los mismos hospitales Penna y Sardá, entre Avellaneda y el Argerich y entre Quilmes y los hospitales Argerich y Elizalde. También puede mencionarse el corredor entre Almirante Brown y el Hospital Elizalde, de niños, que es otro que produjo más de 1000 egresos en ese año.

Los egresos originados por estos municipios suman 73 % de los egresos totales provenientes del conurbano en el conjunto de los seis hospitales referidos.

Debido a que tanto la cantidad de egresos totales de los hospitales de la Ciudad de Buenos Aires como la proporción que de esos egresos corresponden al conurbano no ha tenido grandes variaciones entre 2006 y 2008, puede suponerse que la magnitud de los corredores tampoco la tuvo.

---

[8] Tomado de Rossen y Pertino, "Los caminos de la salud en el Área Metropolitana de Buenos Aires", *Políticas públicas y derechos*. N° 8, Defensoría del Pueblo de la Ciudad Autónoma de Buenos Aires, Buenos Aires.

Cuadro 4.1: Egresos del conurbano por municipio según hospital seleccionado de la Ciudad de Buenos Aires, 2006

Hospital / Municipio	Argerich	Penna	Santojanni	Elizalde	Gutiérrez	Sardá	Total
Matanza	297	995	6418	558	897	3681	12846
L. de Zamora	363	4352	123	714	423	2678	8653
Lanús	335	1211	17	510	179	1197	3449
Avellaneda	1452	73	9	525	97	303	2459
Quilmes	1006	57	9	1064	83	122	2341
Alte. Brown				1054			1054
Total	3453	6688	6576	4425	1679	7981	30802

Fuente: elaboración en base a datos del Ministerio de Salud de la Ciudad Autónoma de Buenos Aires.

Identificados los corredores sanitarios, es importante describir el perfil de quienes los conforman, para poder contar con una perspectiva más completa de la incidencia regional en la utilización de los hospitales públicos de la Ciudad de Buenos Aires, tema de este capítulo.

La mayor proporción de internaciones en los hospitales de la dicha ciudad se relacionan con embarazos, partos, puerperios y/o sus consecuencias o complicaciones (los egresos por el conjunto de estas causas implican cerca de 40 %[9]).

Si a esta proporción de egresos relacionados con partos, embarazos, puerperios o sus complicaciones se suman los egresos de los hospitales de niños (representan entre 10 % y 11 % de los egresos totales en la Ciudad, dependiendo el año) y además se suman los egresos pediátricos de los hospitales generales de agudos (rondan 25 % de sus egresos), podemos concluir que la mayor proporción de utilización de los hospitales porteños, es por parte de las poblaciones materna e infantil.

De los egresos producidos por población del conurbano, también la mayor proporción corresponde a las poblaciones materna e infantil. Éstas, según una encuesta realizada en 2008 en los servicios materno infantiles de los hospitales de la Ciudad de Buenos Aires, en sus mayorías, no están cubiertas por ninguna Obra Social (88 % de los encuestados) y principalmente son poblaciones con bajo nivel socio-económico.[10]

Las poblaciones materna e infantil del conurbano, pobres y sin cobertura social, desde una perspectiva regional metropolitana de

---

[9] Se sumaron los egresos de tres capítulos de Clasificación Internacional de Enfermedades: Capítulo XV Embarazo, parto y puerperio, XXI Factores que influyen en el estados de salud (contiene los registros de los egresos de los nacidos vivos) Capítulo XVI Afecciones del período perinatal.

[10] Los Caminos de la Salud, Serie Políticas Públicas y Derechos, cuadernillo 9. Defensoría del Pueblo de la Ciudad Autónoma de Buenos Aires.

la utilización de los hospitales aludidos, se constituye en la principal protagonista de los flujos.

Como los egresos de residentes de la propia Ciudad superan en magnitud a los del conurbano para el conjunto de tales hospitales, se podría esperar que esto sucediera en todas las patologías. Sin embargo, considerando la clasificación internacional que agrupa en capítulos a grupos de patologías relacionadas, los egresos de pacientes con domicilios en el conurbano en los hospitales de la Ciudad superan a los propios[11] para algunos de esos capítulos. Esta situación podría deberse a que existiría en el conurbano una mayor incidencia de algunas patologías con respecto a la Ciudad de Buenos Aires, o que determinados problemas de salud tuvieran una oferta de atención en el conurbano proporcionalmente menor a la que brinda para otros. Esto, por lo tanto, sería lo que genera una demanda en el sistema de salud de la referida ciudad que no guarda una relación proporcional con otras patologías.

Uno de los capítulos en los que los egresos de pacientes con domicilios en el conurbano superan en números absolutos a los de la Ciudad en los hospitales de ésta, es el caso de las enfermedades infecciosas y parasitarias. Es probable que exista una mayor carga de estas enfermedades en el conurbano porque éste tiene una mayor proporción de población pobre que vive en condiciones precarias y con dificultades para el acceso al agua potable, la correcta eliminación de excretas o en hacinamiento habitacional.

Para el caso de enfermedades de la piel y el tejido subcutáneo, del ojo y oído, malformaciones congénitas y enfermedades de la sangre e inmunidad, como gran parte de su atención corresponde a especialistas determinados es más probable la mayor cantidad de egresos por estas causas por parte de la población del conurbano, y

---

[11] Ídem anterior, cuadernillo 10. Defensoría del Pueblo de la Ciudad Autónoma de Buenos Aires.

que a esto se sume una insuficiente oferta de tales especialistas en los niveles locales del conurbano que proporcionalmente satisface menos demanda que la originada por otros problemas de salud.

Por otra parte, la existencia de importante cantidad de egresos en la Ciudad de Buenos Aires por problemas de salud absolutamente prevenibles, como abortos no especificados (en su mayoría provocados), sífilis congénitas o diarreas, entre otras patologías, dan cuenta de la existencia de graves falencias en lo que respecta al primer nivel de atención tanto en esta ciudad como en el conurbano, y de la necesidad de reforzar políticas y acciones para la prevención de enfermedades y la promoción de la salud.

IV. Gestión metropolitana, una necesidad

"Resulta imposible un planteo actual, moderno, de la atención de la salud sin que aparezca como tema prioritario la equidad. Y donde no aparece es porque sin ninguna duda ha sido soslayado deliberadamente", afirmaba el Dr. A. Sonis durante su discurso pronunciado en la 42ª Reunión del Consejo Directivo de la Organización Panamericana de la Salud, en Washington, el 28 de septiembre de 2000.[12] El logro de la equidad es el gran desafío de las políticas públicas actuales, fundamentalmente en nuestro continente, uno de los más inequitativos del mundo.

El concepto de "equidad", está estrechamente relacionado con el de "justicia social". Margaret Whitehead[13], analizando el alcance del término "inequidad" plantea que el mismo abarca aquellas desigualdades innecesarias y evitables, y por lo tanto injustas.

Bajo las disparidades en la atención de la salud a menudo subyacen profundos desequilibrios generados por la discriminación y

---

[12] Sonis, A. "Equidad y salud", en revista *Medicina y sociedad*, Vol. 23 N° 4, 2000.

[13] Whitehead M., *The concepts and principles of equity*, Copenhage, Organización Mundial de la Salud, 1991.

las diferencias de poder. En la medida en que aquéllas se produzcan debido a la condición social, lugar geográfico de residencia, género, edad, etc., podemos concluir que son disparidades injustas y que se constituyen en inequidades. Es sostenido por los organismos de las Naciones Unidas que en el mundo la causa de enfermedad más grave es la pobreza, siendo ésta un determinante social crucial en la situación de salud individual y colectiva. No obstante, también es reconocido el importante papel que juegan los servicios de atención, los que según su organización y funcionamiento pueden mitigar o replicar las desigualdades económicas y sociales.

En las grandes urbes las políticas orientadas a la equidad deberían apuntar a que se complemente y complete en forma organizada la gestión pública de las ciudades, municipios, comunas, etc. Esto implicará reconocer a estas escalas como necesarias de la dinámica urbana, pero asumiendo también la necesidad de una instancia intermedia superior, la escala metropolitana. Al menos para algunos temas prioritarios como el de la salud.

La perspectiva metropolitana en el diseño de políticas sanitarias facilitará, desde una lógica de complementariedad, el funcionamiento de los sistemas de salud en red haciendo cooperativas las respuestas. La conformación de redes interurbanas estableciéndose en función de beneficiarse con sus potencialidades, neutralizando sus limitaciones y apuntando a disminuir las injustas desigualdades que se presentan, tanto en el campo de la salud como en otros, dará la posibilidad de afrontar los desafíos futuros. La fragmentación de los servicios de atención y de las acciones de prevención podrían ser superadas y podrían complementarse las gestiones locales, entre otras formas, a partir del funcionamiento de los servicios en red, basados en principios de solidaridad y complementariedad y reorientando su desempeño para lograr la igualdad de acceso y calidad de atención.

En distintas ciudades del mundo, el complejo proceso de crecimiento urbano ha dado lugar a numerosos ejemplos de procesos de organización subnacional que transcienden el esquema simplemente local. En este sentido ha habido experiencias de creación de una institucionalidad de las jurisdicciones metropolitanas como experiencias de asociacionismo municipal o creación de consejos de alcaldes. El tema es cómo se logra una funcionalidad coordinada y articulada.

En el Gran Buenos Aires existen iniciativas de gestión metropolitana sobre temas puntuales, tanto institucionalizados (CEAMSE, para el tratamiento de los residuos urbanos) como no institucionalizados (la coordinación de acciones entre las jurisdicciones y sus servicios para afrontar en los inviernos las epidemias de infecciones respiratorias agudas de la infancia).

Asimismo en el área de salud se han firmado varios convenios de cooperación para la región metropolitana entre la Provincia de Buenos Aires y la Ciudad[14], que si bien plantean la voluntad de las autoridades de turno de instrumentar una coordinación de acciones para abordar los principales problemas de salud compartidos ninguno se materializó en la práctica más que con alguna articulación aislada. Es importante remarcar que, por un lado, ninguno de estos convenios fue suscripto también por los gobiernos de los municipios de la Región Metropolitana, y que por otro, salvo para algún tema aislado, no existía experiencia previa de coordinación de acciones entre jurisdicciones.

En el ámbito específico de la salud el desafío será concretar la coordinación de acciones entre las jurisdicciones, incorporando también las voluntades locales de los municipios (que cuentan con servicios de administración propia). Esta escala intermedia de gestión habrá de ser constituida a partir de la generación de consen-

---

[14] 1987, 2004, 2008

sos entre las gestiones locales del Gran Buenos Aires y contar con apoyo del gobierno nacional, ya que involucraría a un tercio de la población del país y requerirá un manejo de recursos específicos.

La construcción de consensos para instrumentar acciones tendrá que desarrollarse en los niveles políticos, en los técnicos u operativos y entre ambos. Los primeros facilitarán una institucionalización de los acuerdos lo que posibilitará la sustentabilidad en el tiempo de la acción coordinada, formalizando mecanismos, roles y dispositivos para su funcionamiento. Los segundos llevarán a la práctica la coordinación con acciones concretas. Ambos niveles requieren uno del otro y deben enriquecerse entre sí a partir de las propias experiencias en cada uno de sus roles.

El problema principal de las ciudades latinoamericanas en la vía hacia arreglos de gestión metropolitana es el de legitimidad política de las formas administrativas propuestas. No obstante, aun cuando el nivel metropolitano no esté consagrado administrativamente, puede intentarse una coordinación de las gestiones locales para lograr un desarrollo articulado de políticas en áreas sensibles como lo es la de salud.

Superar este desafío es una necesidad crítica para el desarrollo de las ciudades latinoamericanas, y el actual es, sin dudas, el momento de impulsar la gestión urbana metropolitana en Latinoamérica por las razones mencionadas y porque el proceso de reformas aparece en un punto de inflexión, las inequidades son importantes, las ciudades se encuentran en crecimiento, las políticas actuales no logran un abordaje exitoso de esta realidad, las gobernabilidades entran en juego y se requiere de cambios. Razones de eficiencia e impacto, corresponden a la escala metropolitana.

En el caso específico de la Región Metropolitana que ahora nos ocupa, o Gran Buenos Aires, la coordinación que se espera de la gestión metropolitana debiera ser el desafío actual ético y político de quienes diseñan e instrumentan políticas públicas en las distintas jurisdicciones que la componen. Un posible comienzo puede ser factible a partir de la combinación de acciones específicas para facilitar un funcionamiento en red en algunas de las áreas, como es el caso específico del área de la salud. Mientras, puede prepararse el terreno para lograr una legitimación administrativa de una instancia metropolitana que se constituya como un ámbito que posibilite la sinergia de las acciones y recursos.

No obstante, cabe reconocer que el buen funcionamiento de las redes requiere, como condición insoslayable, que sus miembros posean una voluntad de proyecto común, así como objetivos claros y específicos que permitan el fortalecimiento institucional de la red y de sus componentes a partir de su accionar.

En síntesis, al desafío que implica abordar la complejidad de la Región Metropolitana de Buenos Aires, por su magnitud, se le suma el desafío que requiere la construcción de consensos. Éstos pueden comenzar a construirse desde todos los niveles, por lo que lograr avances no sólo dependerá de las voluntades políticas sino de la voluntad de todos.

Bibliografía

Barrios, Sonia (2000), "Las metrópolis al principio del nuevo milenio: una agenda para el debate", en *Repensando la experiencia urbana de América Latina: cuestiones, conceptos y valores*, FLACSO, Buenos Aires. Puede verse en: http://bibliotecavirtual.clacso.org.ar/ar/libros/urbano/barrios.pdf

Borja, Jordi (1998), "Ciudadanía y espacio público", en *Ambiente & Desarrollo*, Vol. XIV, N° 3, septiembre, pp. 13-22 (ISSN 0716 - 1476), CIPMA, Santiago de Chile.

——————— (2004), "Informe sobre gobernabilidad en las áreas metropolitanas en el mundo actual", en Borja, Jordi, Esteban Warío et al.,

Desafío metropolitano, UNAM-Asamblea de Representantes del Distrito Federal, II Legislatura, México.

Borja, Jordi y Manuel Castells (1998), *Local y global. La gestión de las ciudades en la era de la información*, Taurus, México.

Bruno, Miguel y Ángel Schettino (2004), *Bases para una reforma política gradual de las instituciones del Estado bonaerense. Jerarquización de la institución municipal*, Ed. Dunken, Buenos Aires.

Escolar, Marcelo y Pedro Pírez (2001), "¿La cabeza de Goliat? Región metropolitana y organización federal en Argentina", ponencia en el XXIII Congreso de la Asociación de Estudios Latinoamericanos, Washington, 6 y 2 de septiembre.

Evans, Peter (2002), "Dimensiones éticas de la equidad en salud", en Evans, Timothy, Margaret Whitehead, Finn Diderichsen, Abbas Bhuiya y Meg Wirth (2002), *Desafío a la falta de equidad en salud: de la ética a la acción*, Fundación Rockefeller - Organización Panamericana de la Salud (Publicación Científica y Técnica No. 585), Washington.

Madoery, Oscar (1999), "El territorio como factor estratégico de desarrollo. Hacia un espacio de gestión metropolitana en el Gran Rosario", ponencia en el seminario Ciudad futura. Nuevas modalidades en planificación y gestión de ciudades, Rosario, 3 al 7 de mayo.

Naciones Unidas (2008), *Objetivos de desarrollo del milenio. La progresión hacia el Derecho a la Salud en América Latina y el Caribe*, Santiago de Chile.

Naciones Unidas-Fondo de Población (2007), *Estado de la Población Mundial 2007. Liberar el potencial del crecimiento urbano*, Nueva York.

Organización Mundial de la Salud (2008), *Nuestras ciudades, nuestra salud, nuestro futuro. Resumen del Informe de la Red Experta sobre medios urbanos a la Comisión sobre Determinantes Sociales de la Salud*. (http://www.who.or.jp/publications/2008-2010/KNUS_Synopsis_Sp.pdf).

Paiva, Antonio (2001), "Panorama metropolitano en Latinoamérica: argumentos para la gestión metropolitana", en revista URBANA V. 6 N° 29, julio, Universidad Central de Venezuela y Universidad de Zuliá, Caracas.

Pírez, Pedro (2001), *Cuestión metropolitana y gobernabilidad urbana en la Argentina,* Homo Sapiens, Buenos Aires.

Rossen, Mariela et al. (2008-2009), "Los caminos de la salud" (I, II y III) en *Políticas públicas y derechos,* números 8, 9 y 10, Defensoría del Pueblo de la Ciudad Autónoma de Buenos Aires, Buenos Aires.

Sonis, Abraam (2000), "Equidad y salud" (discurso al recibir el Premio Abraham Horwitz 2000 para la Salud Interamericana), en *Revista Panamericana de Salud Pública,* Vol. 8 N° 5, noviembre, Washington.

Whitehead, Margaret (1991), *The concepts and principles of equity,* World Health Organization, Copenhage.

CAPÍTULO 5

La perspectiva de los determinantes ambientales en el proceso salud-enfermedad. Un análisis de la problemática en la Cuenca Matanza-Riachuelo

Adolfo Sánchez de León (consultor en políticas de salud)

Introducción

Una sentencia de la Corte Suprema de Justicia de la Nación del año 2008 puso sobre el tapete tres hechos de enorme significado para la agenda actual del sector salud de la Cuenca Matanza-Riachuelo (CMR). El daño ambiental de esta cuenca que es parte integrante de la Región Metropolitana de Buenos Aires (RMBA) tiene implicancias futuras para la agenda nacional de salud.

Efectivamente, por un lado la sentencia puso de manifiesto la necesidad de trabajar sobre los determinantes del proceso salud-enfermedad, en especial los ambientales, a fin de incrementar los niveles de salud de la población de la CMR. Este hecho puede generar una nueva perspectiva en el diseño y gestión de las políticas públicas de salud. En segundo lugar dispuso que este trabajo se realice en forma interjurisdiccional entre el gobierno de la Nación, el de la Provincia de Buenos Aires y el de la Ciudad de Buenos Aires.

En tercer lugar la sentencia ordenó hacer un diagnóstico de los factores de riesgos ambientales y sanitarios para la población de la CMR. Dicho estudio permitió conocer en mayor detalle la situación de salud de la CMR a partir de un estudio realizado por el Ministerio de Salud de la Nación de donde surgen cuestiones que seguramente modificaran la perspectiva tradicional de los enfoques de abordaje de la problemática de la salud.

El presente trabajo muestra, por un lado, los principales resultados de este estudio, y por el otro intenta introducir un debate en torno a las nuevas perspectivas que se abren en el enfoque de los procesos de salud enfermedad a partir de esta orden judicial.

Está organizado en seis apartados. Los dos primeros a modo de marco conceptual, describen a grandes rasgos el significado del enfoque de la salud desde una perspectiva de los determinantes de la salud y de la denominada perspectiva ambiental de la salud. El tercero describe la problemática de la Cuenca Matanza-Riachuelo en sus aspectos de interés para este artículo. El cuarto describe los principales resultados del estudio realizado por el Ministerio de Salud de la Nación hacia fines del año 2008. El quinto apartado intenta analizar algunos aspectos del fallo de la Corte Suprema de Justicia de la Nación que debieran inducir a modificaciones en cuanto a la perspectiva de la salud en la CMR en particular y en el país en general. Finalmente a modo de conclusiones se intenta reflexionar sobre la necesidad de incorporar estos aspectos positivos a la agenda del sector salud de cara al futuro.

I. El enfoque de la salud desde la perspectiva de sus "determinantes"

El enfoque de la salud desde la perspectiva de los determinantes data de principios de la década de 1970. El trabajo "Nuevas perspectivas de la salud de los canadienses" de Mark Lalonde, ministro de Salud de Canadá, es la referencia clásica de este enfoque y se enmarcó en un proceso de reforma conceptual muy importante de la política sanitaria canadiense.

Ese informe es considerado el primer reporte oficial dado a conocer por un país desarrollado que establece que la salud es determinada por diferentes factores, y que el sistema de atención de la salud es sólo una de muchas formas de mantener e incrementar la salud. El trabajo desarrolla un marco conceptual del "Campo de la Salud" mucho más amplio que el denominado "Sistema de Atención de la Salud". Mientras que a este último lo define como limitado al sistema por el cual se provee atención de la salud personal, el concepto de Campo de la Salud incluye todos los aspectos que afectan a la salud. El Campo de la Salud, desde este marco conceptual de análisis, está subdividido en cuatro principales segmentos: biología humana, ambiente, estilos de vida y organización del sistema de salud. Estos cuatro elementos fueron identificados a través de un análisis de las causas y de los factores subyacentes de enfermedad y muerte en Canadá.

Este trabajo dio forma a un nuevo marco conceptual de análisis, evaluación y planificación en el campo de la salud diferente al tradicional, sintetizando una corriente de pensamiento creciente desde fines de los años sesenta que fue adoptada por una gran cantidad de planificadores, investigadores y docentes.

Se llegó a definir este modelo como "un modelo ecológico en el marco de un sistema de salud en que el sistema de cuidados es un componente importante pero no el único" (Pineault el al., 1987).

Uno de los aportes de este marco conceptual ha sido poner de manifiesto la importancia de las variables ambientales y de los estilos de vida como categorías explicativas y de análisis del proceso de salud-enfermedad, igualándolas o aun superándolas en importancia a las más clásicas y aceptadas como las biológicas y las organizacionales de los sistemas de salud. El trabajo en este aspecto vino a dar forma y a modelar el pensamiento creciente de ese momento que daba cuanta de la importancia determinante de muchas otras variables que impactaban en la salud individual y poblacional.

Si bien desde diferentes grupos de investigadores y expertos, e incluso desde los ámbitos de gestión, se aceptaba que las diferentes causas en los procesos de salud-enfermedad trascendían lo relacionado con el sistema de salud, el cuerpo ideológico subyacente a las políticas sanitarias aplicadas en Canadá y en el resto de los países tenía que ver con reformas producidas a nivel de los sistemas con un enfoque tradicional y una visión de corte "biologista" de la atención de la salud, no sólo en el campo de lo estrictamente asistencial sino también en aquellos que planteaban la necesidad de políticas preventivas y promocionales.

El informe producido desde el más alto nivel político de gestión del sistema sanitario de un país industrializado, y con un sistema de salud considerado como uno de los más exitosos y con un alto grado de satisfacción por parte de su población, produjo un impacto significativo y comenzó por primera vez a dar forma a ese pensamiento creciente que afirmaba que las causas que subyacen a los procesos de salud-enfermedad excedían fuertemente al campo de actuación de los ministerios de Salud dedicados casi exclusivamente a la organización de los servicios y a medidas de corte sanitaria.

En efecto, tal como el propio informe lo expresa, este enfoque vino a suplir una ausencia de un marco conceptual que fuera universalmente aceptado para el análisis del proceso de la salud desde una visión más integral, y las causas que la subyacen. Sin ese marco conceptual era difícil subdividir el amplio campo de la salud en segmentos manejables y útiles para el análisis y la evaluación. Existía una necesidad concreta de organizar los cientos de piezas causales dentro de categorías que fueran intelectualmente aceptadas, y suficientemente simples, para permitir una fácil localización en alguna categoría de las mayorías de los problemas o actividades relacionadas con los procesos de salud-enfermedad. En este sentido se constituyó una especie de mapa del "territorio de la salud".

El enfoque del proceso salud-enfermedad desde los determinantes permitió poner de relieve las conexiones existentes entre las diferentes maneras de enfermar y morir con las causas subyacentes, y de esta manera facilitar la identificación de las políticas y cursos de acción a seguir para mejorar los niveles de salud de la población y por lo tanto permitir modificar los objetivos de financiamiento existente hasta ese entonces.

Es clásico el estudio de Alan Dever, que relaciona la contribución potencial de diferentes determinantes a la reducción de la mortalidad con la composición del gasto en salud en Estados Unidos de Norteamérica (EE.UU.) en aquel entonces.

En este estudio se muestra por un lado la contribución potencial de los diferentes campos de la salud descriptos por Lalonde a la reducción de la mortalidad en EE.UU., y por otro la afectación de los gastos para la salud en ese país. Así, el estudio afirmaba en ese entonces que la biología humana contribuía potencialmente 27 % a la mortalidad, el entorno o medio ambiente contribuía 19 % y los estilos de vida 43 %, mientras que la afectación del gasto era de 7,9 % para lo biológico, 1,6 % para el medio ambiente y de 1,5 % para los estilos de vida. Por otra parte mostraba que el sistema de salud contribuía con sólo 11 % en la reducción de la mortalidad pero se llevaba la mayor porción del gasto, 90 % (Dever, 1976).

El gran desafío y logro de esta perspectiva planteada en el informe Lalonde fue no quedarse solo en la denuncia de las inequidades existentes, sino avanzar en propuestas factibles para mejorar la salud de su población.

En síntesis, este modelo tuvo la virtud no solo de poner en el más alto nivel de decisión un enfoque de las causas del proceso salud enfermedad diferente al tradicional que sirviera para priorizar la tarea de los investigadores a fin de incrementar el cuerpo de conocimiento y las evidencias sobre aspectos tan declamados como determinantes de la salud, conformar un marco teórico referencial aceptado por la gran mayoría para la planificación de acciones concretas a desarrollarse desde los niveles de conducción y desde los equipos de salud, y servir como un lenguaje común entre investigadores, planificadores y quienes deciden.

II. La salud desde la perspectiva ambiental

La Organización Panamericana de la Salud define a la salud ambiental "como aquella perspectiva que busca identificar, medir, revertir y evitar los impactos de las condiciones ambientales sobre la salud y calidad de vida de la presente y futuras generaciones, así como identificar y medir las condiciones que se establecen entre la compleja interacción de las dimensiones social, económica y ecológica" (OPS, 2000). Según otro organismo, la Organización Mundial de la Salud, 24 % de la morbilidad mundial y 23 % de los fallecimientos se pueden atribuir a factores ambientales (OMS 2006).

La perspectiva ambiental de la salud busca minimizar los problemas y patologías que se producen o están asociadas a las deficiencias de tales factores y condiciones. Desde un concepto amplio se considera condiciones ambientales a los entornos físicos, sociales económicos y culturales. En definitiva, la salud ambiental resulta un producto de las condiciones materiales y sociales que caracterizan el estado del ambiente en el que viven las personas, y que influyen en la salud de la población.

La carga ambiental de la enfermedad en Argentina es muy importante. Entre 1998 y 2005 la tasa de diarrea aguda en menores de cinco años aumentó 17,3 %. La mortalidad por enfermedades infecciosas intestinales en esta misma franja de edad entre 2003 y 2005 fue en promedio de 20,5 fallecidos por cada 100.000, lo que representó 1,3 % de las muertes totales del país en esa franja (Perfil SANA 2007). Según la OMS más de 80 % de todas las diarreas son atribuibles al agua insegura y a la contaminación de los alimentos, a la falta de infraestructura adecuada de eliminación de excretas y a comportamientos higiénicos deficientes.

Por otra parte la prevalencia promedio de infestaciones intestinales parasitarias ronda 30 %, llegando a 90 % en comunidades con NBI. Según la Sociedad Argentina de Pediatría (SAP), 100 % de de las parasitosis intestinales son atribuibles a las mismas causas que las diarreas (Perfil SANA 2007).

En nuestro país se registran entre trescientos y cuatrocientos casos nuevos por año del Síndrome Urémico Hemolítico (SUH), siendo la cifra siete veces superior a la de países que han presentado brotes como Canadá, Reino Unido, Japón, Chile y Sudáfrica. El SUH es provocado por microorganismos, mayoritariamente Escherichia Coli, presentes en alimentos contaminados y mal cocidos.

Las enfermedades de transmisión vectorial como Chagas, Malaria, Fiebre Amarilla y Dengue están presentes en Argentina y están íntimamente relacionadas con la pobreza y el medio ambiente. Desde 1998 el Dengue se presenta en forma de brotes esporádicos, con casos autóctonos en las provincias de Salta, Formosa, Jujuy, Corrientes y Misiones. En 2009 un brote afectó a 14 provincias, 11 de las cuales no habían registrado nunca casos autóctonos de la enfermedad. En ese año se registraron 25.989 casos, tres de Dengue hemorrágico y cinco muertes. Las provincias más afectadas fueron Chaco (11.035 casos); Catamarca (8.861); Salta (2.678) y Jujuy (1.291). En 2010, hasta el 30 de abril se habían informado 923 casos distribuidos en 14 provincias.

Las causas por las que el vector del dengue, el mosquito Aedes Aegypti, se desplace cada vez más hacia el sur tienen que ver con una multiplicidad de factores, la mayoría relacionados con el ambiente. Algunas de las causas son las deforestaciones masivas, el aumento de la temperatura y humedad y otras consecuencias del cambio climático, el desmonte y el uso de agroquímicos en las siembras intensivas —por ejemplo, de soja transgénica—, las urbanizaciones no planificadas y sin servicios básicos, las migraciones, la pobreza, etc.

Otras patologías íntimamente relacionadas con el ambiente son las enfermedades respiratorias, en las que la calidad del aire en el interior y exterior de las viviendas tienen un rol muy importante, así como la quema de combustibles sólidos, el humo de tabaco y las condiciones de higiene habitacional.

Las intoxicaciones son otro de los graves problemas que afectan a nuestro país. Diferentes estudios realizados en Dock Sud del Municipio de Avellaneda, localidad que toma su nombre de la antigua dársena sobre el Río de la Plata construida al sur del Riachuelo, y ahora asiento de refinerías de petróleo, de industrias químicas vinculadas y uno de los principales puertos de transferencia de sustancias químicas y combustibles de la Argentina, ponen de manifiesto concentraciones en la superficie del suelo por encima de los niveles guía de hidrocarburos aromáticos policíclicos, de plomo y de mercurio (Brown y Caldwell, 1996), así como niveles extremadamente elevados de mercaptanos, benceno, tolueno, xileno y etanol (JICA, 2002).

En el año 2004, las secretarías de Salud y de Política Social y Desarrollo Humano de la Municipalidad de Avellaneda realizaron una serie de trabajos con la población de la zona identificando nominalmente a 79 niños menores de doce años con saturnismo, de los cuales 63 superaron los 10 ug/dl de plomo en sangre (79,8 % de la población evaluada). La Organización Mundial de la Salud define como intoxicación los valores de más de 15 ug/dl de plomo en sangre, en tanto que para el Center of Disease Control and Prevention (CDC) del Gobierno de EE.UU. el nivel de intoxicación es mayor o igual a 10 ug/dl. También en este relevamiento se identificaron nominalmente 47 casos de contaminación por hidrocarburos.

Es a partir de esta realidad y de la demanda presentada por vecinos en el año 2004 —la llamada "causa Mendoza y otros" contra el Estado nacional, los de la Provincia de Buenos Aires y de la ciudad autónoma homónima, y contra 44 empresas acusadas de polucionar—, que el 8 de julio de 2008 una sentencia innovadora de la Corte Suprema de Justicia obliga a la Autoridad de la Cuenca Matanza Riachuelo (ACUMAR) a cumplir con un programa de tres objetivos simultáneos: la mejora de la calidad de vida de los habitantes de la cuenca, la recomposición de su ambiente en todos sus componentes (agua, aire y suelos), y la prevención de daños con suficiente y razonable grado de periodización. Asimismo, la Corte ordenó la elaboración de un "Plan Sanitario de Emergencia" en el que constara un diagnostico de la situación y un plan de actividades para remediarla.

Para realizar el diagnóstico, a fines del año 2008 el Ministerio de Salud de la Nación llevó a cabo la primera encuesta de factores ambientales de riesgo para la salud (EFARS). Como veremos en los siguientes apartados, la encuesta permitió evaluar las situaciones o factores ambientales de riesgo para la salud de la población de la cuenca, esto es, aquellos factores que pudieran tener consecuencia negativas sobre la salud de las personas o población. Además de este objetivo, la encuesta alcanzó otros, secundarios, como contribuir con información básica para la caracterización de áreas problemáticas con condiciones socio-ambientales y de salud más desfavorables, actualizar información sobre condiciones ambientales derivadas de la cantidad y calidad de los servicios básicos existentes, disponer de información actualizada sobre aspectos sanitarios de las viviendas, y recabar información sobre hábitos y conductas de la población en el cuidado del ambiente y de la salud. Los resultados de la encuesta se analizan más adelante.

Entre otros problemas ambientales que impactan en la salud de la población están el uso indiscriminado de agrotóxicos y el cambio climático, aspectos ambos que han ido cobrando protagonismo en los últimos años.

En definitiva, dentro de los denominados determinantes sociales del proceso salud- enfermedad, los ambientales tienen un peso relativo muy importante. Reconocerlos e incorporarlos a la agenda de las políticas públicas de salud es un paso imprescindible a fin de mejorar los niveles de calidad de vida de la población.

III. Los problemas en la Cuenca Matanza-Riachuelo

La denominada Cuenca Matanza-Riachuelo (CMR) forma parte de la Región Metropolitana de Buenos Aires (RMBA). En el Mapa 5.1 se observa su superficie coloreada dentro de los límites de la RMBA.

Mapa 5.1: Ubicación regional de la cuenca de los ríos Matanza y Riachuelo dentro de la RMBA

Fuente: Ministerio de salud de la Nación

La CMR está conformada por parte de la zona sur de la Ciudad de Buenos Aires y parte de los municipios Almirante Brown, Avellaneda, Cañuelas, Esteban Echeverría, Ezeiza, General Las Heras, La Matanza, Lanús, Lomas de Zamora, Marcos Paz, Merlo, Morón, Presidente Perón y San Vicente de la Provincia de Buenos Aires. Viven en ella 3.556.928 personas en 973.196 hogares (EFARS 2008)

Mapa 5.2: Los municipios que componen la CMR

Fuente: ACUMAR

En el año 2006 se sancionó la Ley Nacional 26.168 por la cual se crea la Autoridad de Cuenca Matanza-Riachuelo (ACUMAR), que es el ente interjurisdiccional de derecho público que tiene a su cargo la ejecución del Plan Integral de Saneamiento Ambiental de la Cuenca Matanza-Riachuelo. Mediante los respectivos procedimientos en sus legislaturas han adherido a la norma nacional la Provincia de Buenos Aires y la Ciudad Autónoma de Buenos Aires.

La Autoridad de Cuenca está integrada por un Consejo Directivo presidido por la Secretaría de Ambiente y Desarrollo Sustentable de la Nación y los representantes de las tres jurisdicciones (la nacional, la provincial y la del Gobierno de la Ciudad de Buenos Aires), más un Consejo Municipal con representantes de los 14 municipios que conforman la cuenca y una Comisión de Participación Social. Esta última como espacio de articulación con la sociedad civil abierto a su integración por cualquier organización con intereses en el ámbito territorial de la cuenca. Asimismo, se ha conformado un Foro de Universidades de la Cuenca Matanza-Riachuelo (FUCUMAR) como ámbito de interacción entre las universidades vinculadas por sus saberes a la problemática de la cuenca y el grupo de expertos responsables a cargo del Plan de Saneamiento.

El Plan Integral de Saneamiento Ambiental, aprobado por la Resolución ACUMAR N° 8/2007 es el conjunto de acciones destinadas a preservar y recomponer la Cuenca Hídrica Matanza-Riachuelo, comprendiendo un territorio de aproximadamente dos mil doscientos kilómetros cuadrados por donde discurren los 64 km de extensión del sistema integrado por los ríos Matanza y Riachuelo.

El 8 de julio de 2008, como se refirió antes, la Corte Suprema de Justicia de la Nación en la causa "Mendoza, Beatriz Silvia y otros c/ Estado Nacional y otros s/ daños y perjuicios" (daños derivados de la contaminación ambiental de los ríos Matanza y Riachuelo) sentenció obligando a la ACUMAR a cumplir con un programa de tres objetivos simultáneos:

1. La mejora de calidad de vida de los habitantes de la cuenca.

2. La recomposición del ambiente de aquella en todos sus componentes (agua, aire y suelos).

3. La prevención de posibles daños con suficiente y razonable grado de periodización.

Para cumplir con dichos objetivos, la sentencia ordena una serie de medidas y acciones muy específicas sobre la contaminación de origen industrial, el saneamiento de basurales, la limpieza de las márgenes de los ríos Matanza y Riachuelo, la expansión de la red de agua potable, la expansión de la red de desagües pluviales, el saneamiento cloacal y, finalmente, ordena la elaboración de un "Plan Sanitario de Emergencia"

En este punto específicamente ordena dos cosas:

1) Que en un plazo de noventa días realice mapas socio-demográficos y encuestas de factores ambientales de riesgo a los efectos de:

a) determinar la población en situación de riesgo;

b) elaborar un diagnóstico de base para todas las enfermedades que permita discriminar patologías producidas por la contaminación del aire, suelo y agua de otras patologías no dependientes de aquellos factores, y un sistema de seguimiento de los casos detectados para verificar la prevalencia y supervivencia de tales patologías;

c) elaborar un sistema de registro y base de datos de acceso público de las patologías detectadas en la Cuenca; y

d) especificar las medidas de vigilancia epidemiológicas adoptadas en la zona de emergencia.

2) Y que cumplidos los requerimientos del punto precedente deberá, en un plazo de sesenta días elaborar y poner en ejecución programas sanitarios específicos para satisfacer las necesidades de la población de la Cuenca.

Con el fin de cumplir la sentencia de la Corte, el Ministerio de Salud de la Nación realizó entre noviembre de 2008 y enero de 2009 la primera Encuesta de Factores Ambientales de Riesgo Sanitario (EFARS 2008), y elaboró los mapas socio- demográficos. Estos y los resultados de la Encuesta fueron presentados por la ACUMAR en el Juzgado Federal de Primera Instancia de Quilmes el 31 de marzo de 2009.

IV. Los resultados de la EFARS 2008 y los mapas socio-demográficos y de riesgo sanitario

A continuación se describen los principales resultados de estos estudios que constituyen un material imprescindible para el conocimiento de la situación de salud de la población de la Cuenca Matanza-Riachuelo.

a. Principales problemas de salud ambiental de la CMR

Con el fin de enumerar los principales problemas de salud ambiental en la cuenca se describen los resultados de la EFARS 2008.

La Encuesta permitió evaluar las situaciones y/o factores ambientales de riesgo para la salud de la población de la CMR, esto es, aquellos factores que pudieran tener consecuencia negativas sobre la salud de las personas o población de la cuenca.

Desde el 15 de noviembre de 2008 al 30 de enero de 2009 se encuestaron 2951 hogares y se obtuvieron 10.755 reportes individuales, estimándose un margen de error de 1,4 %.

Se utilizaron dos tipos de cuestionarios. En el Cuestionario del Hogar se indagaron variables y dimensiones referidas a la ubicación del domicilio, el grupo conviviente, las características de la vivienda, los aspectos ambientales, hábitos saludables, situación laboral, ingresos totales de los integrantes del hogar, participación social, comunicación.

En el Cuestionario Individual se indagaron variables y dimensiones referidas a un auto-reporte de salud en general de cada entrevistado, la morbilidad percibida por el encuestador, las consultas médicas, los motivos de éstas, presencia de las llamadas enfermedades trazadoras, cobertura médica.

Según los resultados de la encuesta viven en la cuenca 3.556.928 personas en 973.196 hogares, 70 % de esa población es menor de cuarenta y cinco años, y 27 % es menor de quince años.

Gráfico 5.1: Pirámide poblacional en la CMR, año 2008

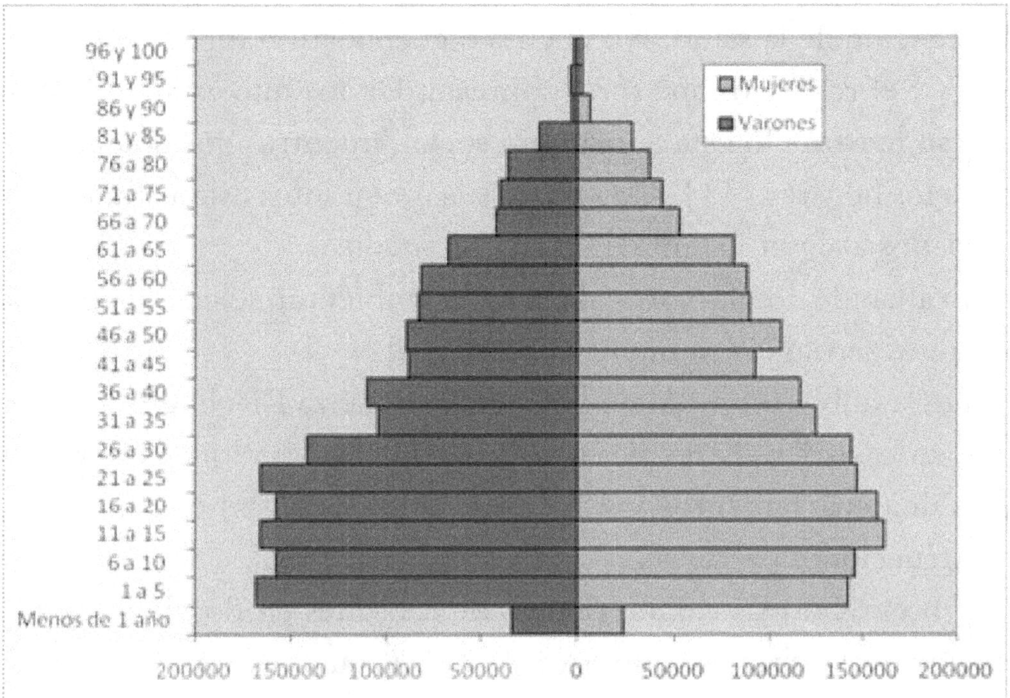

Fuente: EFARS 2008

El nivel promedio de educación básica alcanzado por la población de la CMR es bajo. Sólo 49 % de los mayores de quince años manifestaron tener educación primaria completa, 36 % terminó la secundaria. Aun así 11,8 % completó estudios terciarios o universitarios. No supo o no quiso contestar 0,3 %.

Por otra parte seis de cada 10 mayores de dieciséis años (60,3 %) manifestaron tener alguna actividad por la cual perciben ingresos. En cuanto a los hogares, en la casi totalidad (99,96 %) ingresa dinero cualquiera sea su procedencia (incluyendo planes sociales y seguros de desempleo). La pregunta sobre los montos del ingreso familiar fue respondida sólo por 80 % de los encuestados, y de estos 17,64 % (136.929 hogares) dieron cifras por debajo de la línea de pobreza, y 4,75 % (36.870 hogares) por debajo de la de indigencia.

Con respecto a la cobertura de salud, 58 % (dos millones novecientas mil personas) estaban afiliadas o asociadas a algún sistema de atención de la salud. No cuenta con cobertura formal en salud 40 % y el resto no sabe o no contesta. De los que están afiliados la gran mayoría lo está a una obra social, mientras que sólo en 43 % de los hogares (333.543) todos sus integrantes están afiliados o asociados a algún sistema de atención médica.

Evaluando los factores de riesgo ambiental seleccionados la encuesta arrojó los siguientes resultados:

De la población total de la Cuenca Matanza Riachuelo 82,5 % vive en casas familiares de mampostería, 14,8 % lo hace en bloques de departamentos y 2,6 % (93.000 personas) en ranchos o construcciones precarias.

Observando las características de las calles en donde están las viviendas observamos que 34,6 % de sus cuadras son de tierra o mejorado, 27,4 % no tienen veredas y 44,9 % tampoco desagües pluviales (el agua escurre por cunetas o zanjas).

En cuanto a la provisión de agua, 73,45 % de los hogares está conectado a la red pública de abastecimiento, 25,5 % se provee de napas de agua subterránea mediante bombeo, y 1 % la obtiene de vecinos o recoge de aljibes, ríos, etc. En cuanto al sistema de disposición de excretas, 46,4 % tiene conexión a la red pública de cloacas y 52,6 % a cámaras sépticas y pozos, 1 % no posee en la vivienda ningún tipo de sistema a ese efecto.

El servicio público de recolección de residuos alcanza diariamente a 66,6 % de los pobladores de la cuenca, y semanalmente a otro 27,4 %. No posee ningún servicio 1,7 % de los vecinos (queman fuera del terreno, dentro del terreno o arrojan a un pozo).

Respecto de la calidad del aire exterior, se relevó que 13,6 % de los hogares esta cerca de un basural a cielo abierto (promedio de distancia 600 metros), 32,7 % está cerca de una autopista, en

74,7 % de las entrevistas se manifestó presencia de tránsito muy intenso cerca de la vivienda y 22,5 % de los hogares están próximos a terminales del transporte público o playas de estacionamiento de vehículos.

A su vez, 40 % de los hogares están cerca de alguna industria o taller, 38,4 % de algún transformador de la red eléctrica, 29,6 % de línea de alta tensión y 8,6 % de algún vertedero de líquidos industriales.

En cuanto a la presencia de vectores de transmisión o propagación de enfermedades (ver Gráfico 5.2) en la totalidad de los hogares encuestados había presencia de moscas y mosquitos, y en más de 36 % se informó de la presencia de roedores.

Gráfico 5.2: Principales vectores en el hogar. Cuenca Matanza-Riachuelo, 2008

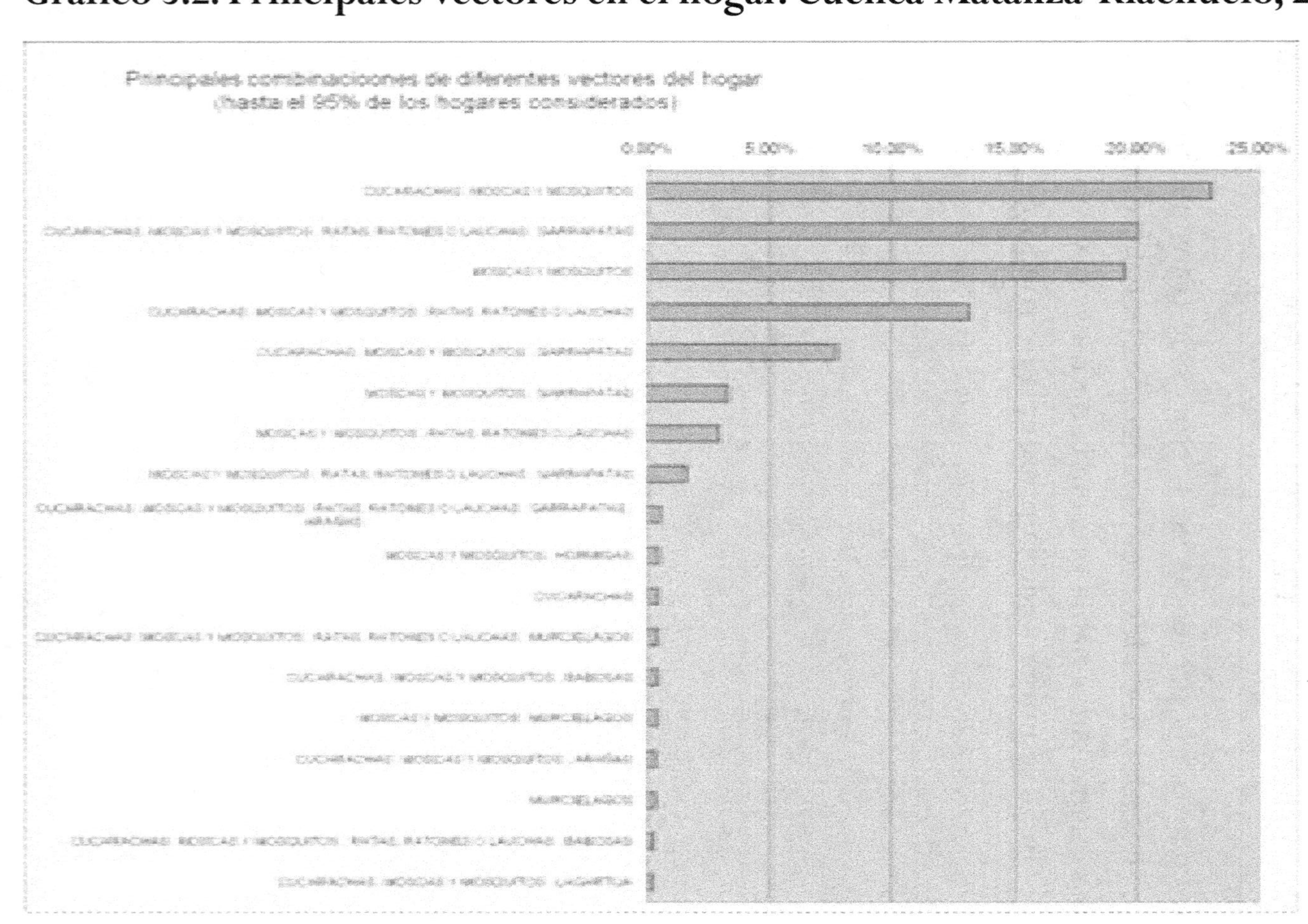

Fuente: EFARS 2008

En el diseño de la encuesta de factores ambientales de riesgo sanitario EFARS 2008 se distinguieron ocho factores: características de la cuadra, abastecimiento de agua, evacuación de excretas, disposición de residuos, calidad del aire interior, calidad del aire exterior, cercanía con fuentes fijas de contaminación y hogares con problemas en la vivienda. Según los resultados que estamos viendo del relevamiento casi la totalidad de la población de la Cuenca Matanza-Riachuelo (96,4 %) convive con, al menos, uno de estos factores.

Si sumamos los factores vemos que 27 % de los hogares (262.037) conviven con tres factores de riesgo, 19% (185.497) conviven con cuatro factores y11 % (110.523) con cinco. Los factores ambientales que mayormente afectan a los hogares de la cuenca (a más de la mitad) son los relacionados con la calidad del aire exterior, la cercanía a las fuentes fijas de contaminación y la carencia o deficiencia de desagües cloacales.

Cuadro 5.1: Proporción de hogares en situación de riesgo según cada uno de los factores ambientales. Cuenca Matanza-Riachuelo, 2008

Factores ambientales	Hogares en situación de riesgo (% y total)
Características de la cuadra	42,2 (410.688)
Abastecimiento de agua	22,1 (215.076)
Evacuación de excretas	52,6 (511.901)
Disposición de residuos	29,1 (283.200)
Aire interior	43,0 (418.474)
Aire exterior	53,1 (516.767)
Fuentes fijas	52,7 (512.874)
Total	100 (973.196)

Fuente: Elaboración propia a partir de datos de la EFARS

Por otra parte, 14 % de la población tuvo la percepción de haber estado afectada por alguna patología en las cuatro semanas previas a la encuesta. Los síntomas gastrointestinales agrupados representaron un tercio de las patologías percibidas por la población, seguidas por las respiratorias (26 %) alergias (6 %) y cardiovasculares (1,02 %) (EFARS 2008).

Gráfico 5.3: Distribución porcentual de las patologías o eventos referidos por la población de la CMR, año 2008

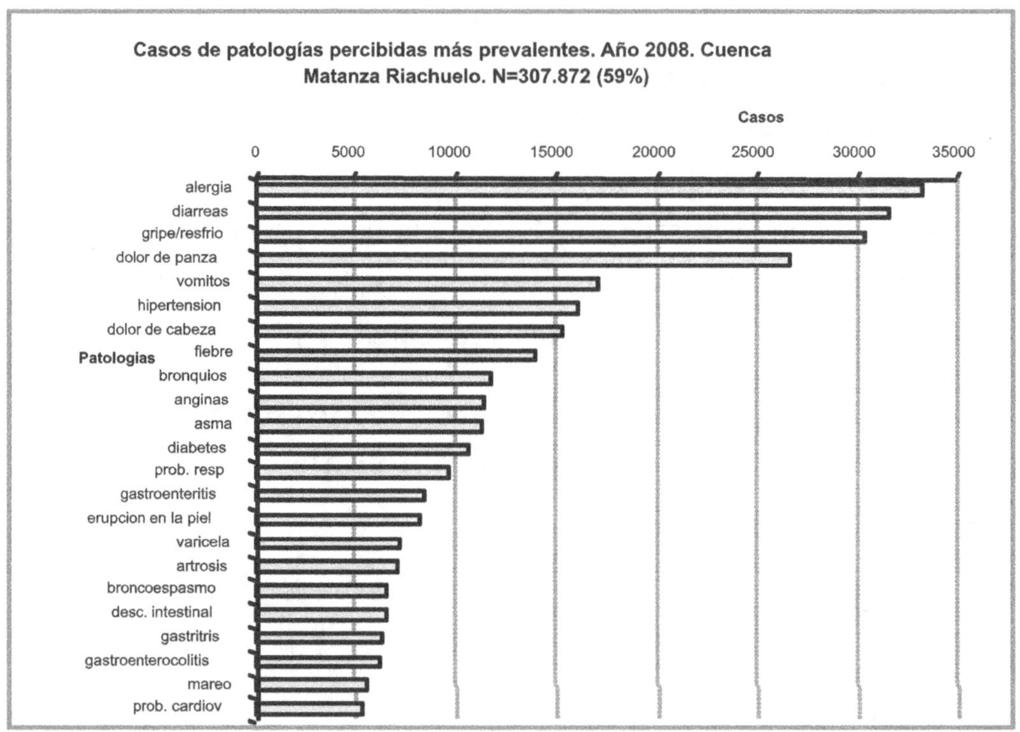

Fuente: EFARS 2008

Las 23 patologías registradas en el gráfico son las prevalecientes en aproximadamente 60% de los casos de enfermedad referidos por la población, tomando aquellos eventos que se mencionaron con una frecuencia mayor a 1%.

b. Los mapas de riesgo socio-sanitario

Con el fin de complementar los resultados de la Encuesta y dar cumplimiento a lo ordenado por la Corte Suprema de Justicia fueron elaborados y presentados los denominados Mapas de Riesgo Ambiental de la Cuenca Matanza-Riachuelo.

Para definir a la población en riesgo ambiental se trabajó metodológicamente identificando y localizando en el mapa, por un lado, a la población vulnerable y, por otro lado, a las denominadas amenazas ambientales. De la superposición de estas dos categorías surgen las zonas de mayor riesgo ambiental para la población de la CMR.

Y para definir a la población vulnerable se tomaron dos indicadores: la presencia de niños de edades menores a los cinco años y de población con NBI, ya que la combinación espacial de estos indicadores —que son relativamente fáciles de obtener— sintetizan una serie de condiciones socioeconómicas y biológicas que predisponen a mayor vulnerabilidad.

Se estratificó el territorio de la Cuenca Matanza-Riachuelo en cuatro niveles de vulnerabilidad según combinaciones de los indicadores ya establecidos (niños menores de cinco años y población con NBI), y se seleccionó la combinación del percentil en peor condición para ambos indicadores como el conjunto de población en condición de mayor vulnerabilidad.

Se adicionaron los sitios con presencia de villas y otros asentamientos precarios al nivel más vulnerable según las definiciones anteriores. Esto se realizó con el fin de complementar el índice de NBI ya que, si bien es una condición que tarda más en modificarse en el tiempo, el dato utilizado correspondió al censo 2001, último dato del que se disponía.

Posteriormente se generaron mapas de los factores de amenaza ambiental, desagregando la información por radio censal. Los factores de amenaza considerados fueron: a) presencia de establecimientos industriales, b) presencia de basurales, c) inaccesibilidad a establecimientos de salud, d) inaccesibilidad a redes de agua segura, e) inaccesibilidad a red cloacal, y f) superficie inundable.

Posteriormente se segmentó el territorio de la CMR según los radios censales según tuvieran o no factores de amenaza.

Se generaron mapas de equivalencias ambientales medidos en términos poblacionales por factor de amenaza. Se aplicó una ecuación que relaciona la proporción del factor de amenaza (medido como número de viviendas, establecimientos o hectáreas) en relación al total del radio censal y con la población total de éste. La cantidad de pobladores dividida por el coeficiente 1000.

Finalmente se integraron los mapas de vulnerabilidad y de amenazas y se determinó la población en riesgo para cada factor de amenaza.

De esta manera se elaboraron diferentes mapas útiles para cada factor de amenaza constituyendo todo ello una herramienta muy importante a fin de seleccionar las intervenciones territoriales.

IV. El fallo de la Corte Suprema de Justicia de la Nación: aportes para la agenda futura de la salud

El fallo de la Corte Suprema de Justicia del 8 de julio de 2008 presenta aristas muy importantes y ciertamente innovadoras desde diferentes puntos de vista. Algunas de ellas son:

I. La "injerencia" de la justicia en el ámbito de la gestión gubernamental

Efectivamente, el fallo no sólo ordena llevar a cabo el saneamiento integral de la Cuenca Matanza-Riachuelo sino que, además, dice como hacerlo y en que plazos, por lo que puede considerarse al fallo en sí mismo como un plan de acción. Podríamos inferir, en una primera lectura, que la deficiencia de los Gobiernos a lo largo de los años en encontrar una respuesta adecuada a la problemática de la Cuenca Matanza-Riachuelo dio lugar a una "injerencia judicial" en la cuestión.

II. Un nuevo enfoque sobre lo ambiental

Una segunda lectura nos muestra un cambio en el tratamiento que se venía dando al tema del saneamiento de los ríos. Si bien el fallo es terminante en cuanto a la necesidad de sanear la cuenca, plantea como prioridad la mejora de calidad de vida de la población que allí habita. Este enfoque modifica el criterio exclusivamente "ambientalista" de un río limpio con población pobre estructuralmente y sin cambios en las condiciones sociales (ausencia de cloacas, agua de red, etc.), transformándolo en un criterio centrado en las mejoras de la calidad de vida. Esto le da una nueva direccionalidad a las acciones emprendidas y pone de manifiesto la urgencia de intervenir en una región que tiene no solamente ríos altamente contaminados, sino también y principalmente graves y complejos problemas sociales producto de la coexistencia de riesgos ambientales y de pobreza extrema, determinantes ambos de los proceso de salud-enfermedad.

III. El criterio de la gestión compartida

En tercer lugar, resulta realmente interesante la necesidad que plantea el fallo de trabajo conjunto entre las diferentes jurisdicciones. No sólo plantea eso, sino que pone en cabeza de la ACUMAR el desarrollo de las actividades planteadas. Este hecho produjo la necesidad de readecuar normas y procedimientos entre las jurisdicciones ya que muchas de aquellas diferían entre sí. Por otra parte instala una discusión sobre las formas de encarar operativamente la problemática de la Cuenca.

Este hecho, que afecta a todos los implicados, es particularmente relevante en el tema de la salud pública. En un sistema como el sanitario —cuyas principales características son la escasa capacidad reguladora del Estado nacional y su alta fragmentación y segmentación con autonomía federal—, el fallo de la Corte Suprema representa un enorme desafío al poner en cabeza de la ACUMAR la implementación del que denomina Plan Sanitario de Emergencia.

En realidad, la sentencia pone en la agenda del sector salud el debate sobre como encarar la problemática sanitaria en toda la Región Metropolitana de Buenos Aires. Existe consenso en que los problemas y las propuestas de solución para la atención de la salud de la población de dicha región deben ser abordados en forma conjunta entre la Ciudad Autónoma de Buenos Aires, la Provincia de Buenos Aires, los municipios del conurbano bonaerense y el Gobierno nacional.

Este consenso surge entre otras cosas por la magnitud y complejidad de los problemas que afectan a la población de la Región Metropolitana que, si bien podría parecer que están desconectados entre sí, en realidad están íntimamente relacionados por el desarrollo morfológico que ha sufrido la región.

Pero este consenso comienza a desdibujarse cuando se plantean las formas operativas de tal abordaje. Se abren aquí diferentes opciones que van desde la conformación de una "mesa de coordinación" entre las diferentes jurisdicciones hasta la conformación de una estructura específica formalmente constituida, que tenga injerencia y autoridad. El ente interjurisdiccional de derecho público Autoridad de Cuenca Matanza Riachuelo (ACUMAR) representa un ejemplo de esto último y, si bien con altibajos, ha demostrado en estos años que no es imposible su funcionamiento a pesar de la coexistencia de diferentes realidades políticas conduciendo las jurisdicciones.

Las propuestas que hoy circulan para tratar la problemática de la Región Metropolitana de Buenos Aires en las principales mesas políticas de cara a la próxima elección para la renovación de autoridades son variadas, desde la creación de una entidad tipo ACUMAR que en su conducción refleje la composición de las diferentes jurisdicciones, hasta la idea de la creación de un Ministerio Nacional de la Región Metropolitana que se ocupe de su ordenamiento territorial y de los abordajes sectoriales pasando por la conformación de Mesas de Coordinación sectoriales. Para salud se abre un enorme desafío de superar la fragmentación existente en el sector en el marco de un sistema federal.

IV. La perspectiva ambiental del concepto salud-enfermedad

Finalmente, el fallo de la Corte Suprema pone en relieve la perspectiva de los determinantes ambientales de la salud. Si bien desde algún tiempo atrás se viene planteando la importancia de esta nueva perspectiva, no es hasta la aparición de esta sentencia que los determinantes ambientales de la salud fueron "subidos" a la agenda de gobierno.

Si se analiza en detalle el fallo en su aspecto resolutivo, se observará que en primera instancia manifiesta los objetivos de lo ordenado, los cuales fueron descriptos anteriormente. El primer objetivo, que hace las veces de objetivo central, es el de mejorar la calidad de vida de los habitantes de la cuenca. El segundo, planteado de manera que hace las veces de un objetivo específico, es el de la recomposición del ambiente de la cuenca en todos sus componentes (agua, aire y suelos). Esto significa que propone mejorar la calidad de vida a partir de recomponer los aspectos ambientales entendidos estos desde un marco conceptual amplio. Finalmente, el tercer objetivo, que también puede considerarse un objetivo específico, es el de la prevención de daños con suficiente y razonable grado de periodización. O sea, una vez reparado el ambiente prevenir nuevos daños.

Cuando va a los aspectos operativos el fallo de la Corte enumera las acciones a desarrollar con el fin de lograr los objetivos descriptos, enumera la necesidad de remediar y prevenir sobre diferentes "determinantes ambientales de la salud". Ordena acciones muy concretas sobre la contaminación de origen industrial, el saneamiento de basurales, la limpieza de las márgenes del río, la expansión de la red de agua potable, la expansión de la red de desagües pluviales, y el saneamiento cloacal, todos ellos determinantes ambientales de la salud. Finalmente ordena la elaboración de un "Plan Sanitario de Emergencia"

Este enfoque ambiental del proceso salud-enfermedad debería producir un salto cualitativo en varios aspectos. Uno de ellos hace referencia a la necesaria actualización del Sistema Nacional de Vigilancia Epidemiológica (SiNaVE) para dar respuesta a esta "nueva" perspectiva. El SiNaVE fue concebido inicialmente para brindar respuestas rápidas ante la aparición de enfermedades transmisibles con el fin de evitar las epidemias. A partir de los procesos de transición epidemiológica y demográfica con el consiguiente cambio en los perfiles de morbi-mortalidad de la población, estos sistemas sufrieron un primer desafío cual es la incorporación de las enfermedades no transmisibles (ENT). Cuando aún no se han resulto las maneras de vigilar las ENT aparece este nuevo desafío de comenzar a vigilar las enfermedades de origen ambiental. El fallo produjo dentro del Ministerio de Salud de la Nación una profunda discusión sobre la necesidad de actualización del SiNaVE.

Otros hechos destacados que produjo la sentencia fueron las acciones de capacitación realizadas con los equipos de salud del primer nivel de atención de la Cuenca Matanza-Riachuelo con el fin de detectar patologías de origen ambiental, como las intoxicaciones crónicas con metales pesados mucho más comunes que lo que puede suponerse.

El fortalecimiento de la red de toxicología es otro de los aspectos positivos que disparó. Al respecto, está planificada la construcción y puesta en funcionamiento de cuatro laboratorios para el diagnóstico de las intoxicaciones con metales pesados, además del fortalecimiento de las áreas de toxicología de los hospitales provinciales y de la Ciudad de Buenos Aires.

V. A modo de reflexión final

Una demanda realizada por diecisiete personas ejerciendo derechos propios, y algunos de ellos también en representación de sus hijos menores, en su condición de damnificados por la contaminación ambiental causada por la cuenca hídrica Matanza-Riachuelo contra el Estado Nacional, la Provincia de Buenos Aires, el Gobierno de la Ciudad Autónoma de Buenos Aires y 44 empresas, con el acompañamiento del Defensor del Pueblo de la Nación y de diferentes ONG, derivó en un fallo innovador y ejemplar de la Corte Suprema de Justicia de la Nación.

Muchas de las órdenes allí emitidas tienen impacto directo en la agenda de salud de la población de la cuenca que es materia de la causa. Principalmente la necesidad del trabajo interjurisdiccional, la perspectiva ambiental de la salud y la incorporación de la metodología de encuestas y mapas para definir los factores de riesgo ambiental.

De cara al futuro, este fallo (o sus consecuencias positivas para la salud) puede seguir dos caminos. Puede simplemente circunscribirse al territorio de la Cuenca Matanza-Riachuelo, y en tal caso habremos perdido una enorme oportunidad de dar un salto cualitativo en el concepto de "mirar" y gestionar nuestro sistema de salud, o puede ser adoptado por las autoridades políticas con el fin de introducir nuevos criterios y herramientas en la agenda futura de la salud, ya no sólo de la cuenca aludida sino más ampliamente en la Región Metropolitana y, por qué no, en todo el país.

El enfoque desde los determinantes sociales de la salud en general, y desde los determinantes ambientales en particular, debe ser prioritario a la hora de diseñar y gestionar políticas públicas en salud.

Este análisis de la salud desde una perspectiva ambiental y centrada en la población que habita las cuencas es realmente una de las líneas a profundizar. Tengamos en cuenta que en la de los ríos Matanza y Riachuelo viven más de tres millones y medio de personas en casi un millón de hogares. En otra de las grandes cuencas, como la del río Reconquista, en el noreste del Gran Buenos Aires, con características similares a la que hemos tratado, viven alrededor de cuatro millones de personas. Si les sumamos la población que vive alrededor de otras cuencas menores de arroyos y riachuelos estamos incluyendo a casi la mitad de la población total de la Provincia de Buenos Aires y a una parte importante de la de la Ciudad Autónoma de Buenos Aires. Otra cuenca con problemas ambientales importantes es la Salí-Dulce.

El criterio de trabajo interjurisdiccional es fundamental no sólo para la Cuenca Matanza-Riachuelo sino, y fundamentalmente, para la Región Metropolitana de Buenos Aires. Pero también lo es para todo el país, como ya se dijo, ya que las principales características del sistema argentino de salud, dada la escasa capacidad de la autoridad nacional para regularlo, son su alta fragmentación y segmentación, y su carácter federal.

Finalmente, la incorporación de herramientas de diagnóstico y gestión como son las encuestas de salud, en este caso de factores ambientales y la elaboración de mapas socio-sanitarios son aportes indiscutidos para mejorar el diseño y gestión futura de las políticas públicas en salud.

El tiempo dirá si supimos aprovechar esta iniciativa de la Corte Suprema de Justicia o si solamente constituyó una oportunidad perdida como tantas otras en salud.

Bibliografía

ACUMAR (2009), Informe a la Corte Suprema de Justicia. ACUMAR, 31 de marzo, Buenos Aires.

Brown and Caldwell, Empresa constructora (1996), Dock Sud Environmental Remediation and Pollution Abatement Project (Remediación ambiental y proyecto de disminución de contaminación en Dock Sud. Reporte final presentado a la Secretaría General de la Gobernación de la Provincia de Buenos Aires, Decreto 3024/95), La Plata.

Corte Suprema de Justicia de la Nación (2008), Sentencia M. 1569. XL. ORIGINARIO, autos caratulados "Mendoza, Beatriz Silvia y otros c/ Estado Nacional y otros s/ daños y perjuicios" (daños derivados de la contaminación ambiental de río Matanza-Riachuelo): http://estatico.buenosaires.gov.ar/areas/jef_gabinete/riachuelo/documentos/22_08_07_resolucion_traslado_de_la_demanda_informes_a_los_gob.pdf

Dever, Alan (1996), "An Epidemiological Model For Health Policy Analysis", en *Social Indicators Research*, Vol. 2 N° 4 pp. 453-466.

JICA, Japan International Cooperation Agency (2002), *Estudio o línea de base de concentración de gases contaminantes en atmósfera en el área de Dock Sud en Argentina* (Informe de la Agencia de Cooperación Internacional de Japón para la Secretaría de Ambiente y Desarrollo Sustentable de la República Argentina), JICA, Buenos Aires.

Lalonde, Mark (1974), *Nuevas perspectivas de la salud de los canadienses*, Ministerio de Salud y de Bienestar Social de Canadá, Ottawa.

Ministerio de Salud de la Nación (2007), *Perfil SANA 2007. Perfil de la salud ambiental de la niñez en la Argentina*. Ministerio de Salud de la Nación Argentina-Sociedad Argentina de Pediatría-Asociación Argentina de Médicos por el Medio Ambiente (AAMMA) y el Canadian Institute of Child Health (CICH), Buenos Aires (publicación disponible en español e inglés, http://www.msal.gov.ar/htm/Site/promin/UC-MISALUD/publicaciones/pdf/0-intro-indice.pdf.).

Municipalidad de Avellaneda, Secretaría de Salud (2008), *Informe socio-sanitario y ambiental de la zona de influencia de la Cuenca Matanza-Riachuelo*, Secretaría de Salud, Avellaneda.

Organización Mundial de la Salud (2006), *Ambientes saludables y prevención de enfermedades: Hacia una estimación de la carga de morbilidad atribuible al ambiente*, Ginebra. Versión digital en http://www.who.int/quantifying_ehimpacts/publications/prevdisexecsumsp.pdf

Organización Panamericana de la Salud (2000), *La salud y el ambiente en el desarrollo sostenible*, Publicación científica 572, OPS, Washington.

Pineault, Raynald y Carole Daveluy (1987), *La planificación sanitaria. Concepto. Métodos. Estrategias*. Editorial Masson, Barcelona.

Los autores
(en orden alfabético)

Ana Ariovich

Licenciada en Ciencias Antropológicas de la Facultad de Filosofía y Letras (UBA) y magíster en Sociología Económica del Instituto de Altos Estudios Sociales (UNSAM). Candidata a doctora de la UBA en la Facultad de Ciencias Sociales. Ha participado en distintas investigaciones sobre políticas de salud. Cuenta con distintas publicaciones sobre política de medicamentos y gestión de políticas de salud. Actualmente es investigadora docente asistente del área de Política Social del Instituto del Conurbano de la UNGS, y ayudante en la Carrera de Sociología de la Facultad de Ciencias Sociales de la UBA.

Magdalena Chiara

Antropóloga (UBA) con estudios de posgrado en Sociología Económica y Desarrollo Regional y Urbano (CEPAL, INAP/España). Candidata a doctora de la UBA en la Facultad de Ciencias Sociales. Desde mediados de la década de 1980 ha trabajado en investigación y gestión en problemas y políticas sociales y urbanas en distintos campos. Ha publicado diversos artículos en revistas especializadas y capítulos de libros referidos a las políticas sociales urbanas y a la gestión. Desde 1995 es investigadora docente del Instituto del Conurbano de la UNGS.

Mercedes Di Virgilio

Socióloga. Doctora en Ciencias Sociales (UBA). Investigadora adjunta del CONICET y del Instituto Gino Germani. En 2009, obtuvo una beca posdoctoral externa del CONICET para desarrollar actividades de investigación en la Universidad de Texas, en Austin. Entre 2004 y 2008 coordinó el Área de Estudios Urbanos del Instituto Gino Germani de la Universidad de Buenos Aires. Es profesora adjunta regular de la Facultad de Ciencias Sociales de esa misma casa de estudios. Entre 1997 y 2007 se desempeñó como investigadora docente de la Carrera de Políticas Sociales en el Instituto del Conurbano de la UNGS. Cuenta con numerosas publicaciones sobre políticas públicas y pobreza urbana en Argentina y ha tenido extensa participación en numerosos proyectos de investigación y programas de asistencia técnica.

Carlos Jiménez

Licenciado en Política Social (UNGS). Maestrando en Salud Pública del Instituto "Juan Lazarte" de la Universidad Nacional de Rosario (tesis en curso). Ha participado en diferentes programas públicos, tanto del Ministerio de Salud como del Ministerio de Educación, ambos de la Nación, sobre temas de salud y juventud. Se ha desempeñado como analista y consultor en diferentes centros de estudios vinculados a las políticas públicas (CIPPEC, PLENASSER, CEMUPRO). Ha participado en diferentes investigaciones sobre salud pública y actualmente es investigador docente asistente del área de Política Social del Instituto del Conurbano de la UNGS, y docente de la Carrera de Trabajo Social de la UPMPM / UNSAM.

Daniel Maceira

Economista de la UBA, Ph.D. en Economía, especializado en economía de la salud y organización industrial. Desarrolla actividades docentes en carreras de grado y posgrado en la Universidad de Buenos Aires y en la Facultad Latinoamericana de Ciencias Sociales, entre otras. Es investigador titular del Centro de Estudios de Estado y Sociedad (CEDES), investigador adjunto de la Carrera de Investigador de CONICET y Presidente de la International Society for Equity in Health (ISEqH). Preside y es miembro de distintos comités científicos especializados en políticas de salud. Cuenta con numerosas publicaciones en revistas especializadas nacionales e internacionales y ha tenido extensa participación en proyectos de investigación y programas de asistencia técnica.

Javier Moro

Master en Gobierno y Asuntos Públicos, FLACSO-México. Antropólogo-UBA. Candidato a doctor de la UBA en la Facultad de Ciencias Sociales. Actualmente es investigador docente del Instituto del Conurbano de la UNGS. En la gestión pública desempeñó funciones de coordinación, capacitación y asesoramiento en áreas sociales. Ha sido consultor de organismos regionales: UNICEF-Argentina, IIN/OEA y del BID, donde fue profesor para el Programa Nacional en Guatemala del Instituto Interamericano para el Desarrollo Social (INDES/BID). Ha realizado publicaciones sobre políticas públicas y sociales, ciudadanía, género, interculturalidad, infancia y juventud.

Mariela Rossen

Magíster en Sistemas de Salud y Seguridad Social. Médica (UBA), pediatra. Actualmente coordinadora del Centro de Estudios Sanitarios y Ambientales para Áreas Metropolitanas de la Universidad ISALUD, y es asesora en salud de la Defensoría del Pueblo de la Provincia de Buenos Aires. Entre sus logros se destaca el diseño y la coordinación entre 2003 y 2007 del Programa Nacional de Médicos Comunitarios, y la creación del Posgrado en Salud Social y

Comunitaria que desarrolló con diecisiete Facultades de Medicina. Se desempeñó en distintas áreas del Ministerio de Salud de la Nación entre 1996 y 2007. Desde entonces también ha realizado diversas asesorías para organismos nacionales e internacionales.

Adolfo Sánchez De León

Médico (UNLP). Especialista en Salud Pública (UBA). Fue Director de Salud de la Municipalidad de La Plata. En el Ministerio de Salud de la Provincia de Buenos Aires se desempeño como Jefe del Departamento de Educación para la Salud, Director de Capacitación de Técnicos para la Salud, y Coordinador del Seguro Público de Salud. En el Ministerio de Salud de la Nación ocupó el cargo de Subsecretario de Relaciones Sanitarias e Investigación. Es docente invitado de la Maestría de Gestión de Servicios y Sistemas de Salud del Instituto Lazarte (UNR) y Jefe de Trabajos Prácticos de Salud Pública de la Escuela de Medicina de la UNICEN.

Federico Tobar

Doctor en Ciencia Política (USAL). Master en Administración Pública (Fundação Getúlio Vargas). Especialista en Economía y Gestión de Salud (FIOCRUZ). Licenciado y profesor en Sociología (UBA). Actúa como consultor en políticas de salud en Argentina, Brasil, Colombia, Costa Rica, Chile, República Dominicana, Ecuador, Estados Unidos, Guatemala, Honduras, Nicaragua, Panamá, Paraguay, Perú y Uruguay. Autor de catorce libros y ochenta artículos científicos en revistas especializadas.